채소를 말리면
맛이 깊어진다

Semi dry :
채소를 즐기는 세련된 방법

지은이 • 무라이 린고
옮긴이 • 이지현

contents

✽ 말린 채소가 좋은 이유 …… 4　　✽ 말린 채소를 즐기는 시간, 시작! …… 6

Part 1 요리로 느껴보자! 왜 말린 채소가 맛있는지

라타투이 …… 12
채소 카레 볶음 …… 14
바냐 카우다 …… 16
말린 채소 된장국 …… 18
말린 채소찜 …… 20

Part 2 채소와 버섯, 허브를 말린다

토마토·방울토마토 …… 24
　말린 토마토를 얹은 치즈 토스트 …… 25
　햇살 담은 파스타 …… 26
　심플한 살사 소스 …… 27
　쿠스쿠스를 곁들인 토마토 닭날개 조림 …… 28
　올리브 오일에 절인 방울토마토 …… 29

오이·가지 …… 30
　오이 남플라 볶음 / 가지 된장 볶음 …… 31
　오이 볶음밥 …… 32
　튀긴 가지 절임 …… 33

브로콜리·콜리플라워 …… 34
　브로콜리와 콜리플라워 절임 …… 35
　머스터드를 곁들인 돼지고기 콜리플라워 수프 …… 36
　구운 브로콜리를 넣은 시저 샐러드 …… 37

무·순무 …… 38
　무청 된장 나물 / 무말랭이 영양 샐러드 …… 39
　가리비와 무를 넣은 영양 솥밥 …… 40
　순무와 굴이 들어간 두유 그라탱 …… 41
　무와 표고, 닭고기를 넣은 건강 수프 …… 42
　구운 무와 발사믹 소스 …… 43

양파·파 …… 44
　양념으로 쓰는 바싹 말린 쪽파 …… 45
　새우와 양파를 넣은 레몬크림 라이스 …… 46
　구운 대파를 넣은 맑은 대구탕 …… 47

감자·고구마 …… 50
　감자와 안초비 볶음 / 고구마말랭이 …… 51
　스패니시 오믈렛 …… 52
　간단한 고구마 스틱 …… 53

우엉·연근·당근 …… 54
　　당근 나물 / 뿌리채소 된장 무침 …… 55
　　우엉과 연근 튀김을 얹은 찌라시 초밥 …… 56
　　뿌리채소와 돼지고기 조림 …… 57
　　당근 마리네 …… 58
　　연근 떡 …… 59

배추·양배추 …… 60
　　배추 절임 / 코울슬로 …… 61
　　배추와 목이를 곁들인 볶음 국수 …… 62
　　스파이스 버터를 뿌린 양배추 찜 …… 63

버섯 …… 64
　　버섯 조림 …… 65
　　버섯과 연어를 넣은 두유크림 리소토 …… 66
　　버섯 당면 볶음 …… 67

허브·향채소 …… 68
　　드라이 허브 비네거 / 향미 간장 / 드라이 허브 드레싱 …… 70

Part 3 과일을 말린다

사과·감 …… 74
　　사과와 고구마로 만든 트라이플 …… 75
　　미니 감 파이 …… 76
　　사과 베이글 샌드 …… 77

바나나·키위·망고 …… 78
　　키위 허니 딥 …… 79
　　바나나 브라우니 …… 80
　　키위, 망고 과일 홍차 …… 81

딸기·블루베리 …… 82
　　스트로베리 소다 …… 83
　　베리베리 아이스크림 …… 84
　　블루베리 경단 …… 85

귤·레몬·유자 …… 86
　　귤, 레몬 필초콜릿 …… 87
　　레몬 머핀 …… 88
　　유자와 영귤로 만든 문그리아 …… 89

재료 캘린더 …… 94

　　✱ Column ❶ 채소를 말릴 때 필요한 도구 …… 10
　　✱ Column ❷ 여러 가지 채소와 과일 말리기 …… 22
　　✱ Column ❸ 말린 채소 절임 …… 48
　　✱ Column ❹ 맛이 어울리는 종류끼리 용도별 세트 만들기 …… 72
　　✱ Column ❺ 어패류 말리기의 기본 …… 90

✱ 채소를 말리기 전에

• 1큰술은 15ml, 1작은술은 5ml, 1컵은 200ml로 계량스푼과 계량컵에 가득 담아서 표면을 평평하게 깎았을 때의 분량이다. 자밤은 손가락 끝으로 집을 만한 분량을 말한다.

• 말리는 시간은 각 재료에 들어 있는 수분의 양과 당도, 계절, 일조 조건에 따라 달라지므로 책에서 제시하는 '말리는 시간'을 반드시 그대로 지킬 필요는 없다. 사진에 나와 있는 말린 채소의 모습을 참고해서 적당히 조절하면 된다.

• 이 책에서는 말리는 정도를 Dry(완전건조)와 Semi dry(반건조), 2가지로 나누어 소개한다. 그 기준은 재료에 따라 다소 차이가 있으므로 대략적인 기준으로 참고하면 된다.

• 세미 드라이(Semi dry): 자른 면의 수분이 날아가서 살짝 수축된 상태(재료 속에 수분이 충분히 남아 있다).

• 드라이(Dry): 바싹 말라서 재료 속의 수분이 거의 날아간 상태.

• 이 책에 소개된 레시피에서는 식재료 고유의 맛을 살리기 위해서 모두 천일염을 사용한다. 만약 천일염이 없으면 일반 소금을 넣어도 관계없다.

맛있고 매력 넘치는
말린 채소가 좋은 이유

'말린 채소'란 어떤 것?

말린 채소라고 하면 보통 바싹 말린 '무말랭이'나 '말린 표고'를 떠올리게 되는데, 이 책에서 주로 소개하는 말린 채소는 흔히 먹는 무말랭이나 말린 표고보다는 시간이 조금 덜 걸리고, 물에 불릴 필요가 없는 Semi dry(반건조) 상태로 말린 것들이다. 건어물처럼 바싹 말린 식품이 아니라, 수분이 남아 있는 '건포도'에 가까운 상태라고 생각하면 쉽게 이해할 수 있다.

말린 생선포처럼 수분이 완전히 없어질 때까지 바싹 말릴 수도 있지만, 그럴 경우 식재료에 따라 식감이나 맛이 떨어지는 경우도 생긴다. 이 책에서는 바싹 말려도 맛있게 먹을 수 있는 뿌리채소와 과일, 표고버섯, 허브 등에 대해서만 Dry(완전건조) 상태로 말리는 방법을 설명하였다.

오늘 요리에 그대로 사용하면 ok!

평소에 싱싱한 채소를 요리하듯이 말린 채소도 같은 방법으로 사용하면 된다. 물론 가열 시간이 짧아지고 조미료를 덜 넣는 등의 차이는 있지만, 말린 채소로 요리하다 보면 차차 요령을 터득하게 될 것이다.

채소를 말리면 좋은 점이 가득!

1 채소 고유의 맛, 감칠맛, 향이 깊어진다

채소를 말리면 채소 안에 들어 있는 수분이 증발하면서 고유의 맛과 감칠맛이 진해지고 향도 풍부해진다. 또한, 말린 채소를 국물요리나 조림에 넣으면 깊은 맛이 우러나기 때문에 맛국물을 따로 만들지 않아도 되고, 조미료를 적게 넣어도 맛을 낼 수 있다.

2 씹는 맛이 좋아진다

씹는 맛, 즉 식감이 좋아지는 것도 말린 채소의 특징이다. 특히 버섯류는 햇빛에 살짝 말리기만 해도 아삭아삭 씹는 맛이 살아난다.

3 요리가 간편해진다

말려서 수분이 알맞게 빠진 채소는 삶거나 소금에 절이는 등 밑손질을 할 필요가 없다. 그리고 대부분 잘라서 말리기 때문에 요리할 때 다시 다듬거나 자르지 않아도 되므로 편리하다. 무침이나 샐러드를 만들어도 물이 생기지 않아서 좋고, 오랫동안 끓여도 모양이 흐트러지지 않아서 좋고, 식감도 그대로 살아 있어서 좋다. 또, 수분이 없어서 바삭하게 잘 튀겨지고, 기름이 튀지 않아서 좋다. 이렇게 말린 채소로 요리하면 과정이 간편해지고, 맛도 더 살아난다.

4 채소를 듬뿍 섭취할 수 있다

채소를 말리면 수분이 빠져나가 부피가 줄기 때문에 날것으로 먹는 것보다 많은 양을 먹을 수 있다. 또, 콜리플라워처럼 데쳐서 먹던 채소를 날것으로 먹을 수 있는 것도 좋은 점이다.

5 버리는 것 없이 알뜰하게 먹을 수 있다

요리를 하다가 남은 채소는 결국 상해서 버리는 경우가 많은데, 냉장고에 넣어 놨더라도 금세 시들고 맛과 향이 점점 사라지므로, 이제부터는 적은 양이라도 남은 채소를 말려 보자. 말린 다음에 냉장 보관하면 되고, 특히 허브는 바싹 말리면 오랜 기간 보관할 수 있으니 채소 껍질이나 이파리도 잘 말려서 맛있게 먹어 보자. 채소를 말리면 버리는 것 없이 알뜰하게 먹을 수 있기 때문에, 그야말로 친환경적인 요리가 가능하다.

말리는 시간과 장소는 빨래를 말리는 것처럼!

P.6~7에서 자세히 설명하겠지만 채소를 말리는 시간과 장소는 빨래나 이불을 말릴 때와 같다. 바람이 잘 통하고 따스한 햇살이 비치는 곳이면 바깥이든 집 안이든 어디에서나 말릴 수 있다. 말리는 동안 앞뒤가 골고루 잘 마르도록 뒤집어주면 걱정 끝! 그리고 잠시 기다리면 따스한 햇빛이 채소의 깊은 맛을 만들어준다.

썩지 않고 잘 마르는 채소가 몸에도 좋은 채소!

무농약, 유기질 비료로 재배한 채소는 수확한 후에 잘 늘어놓기만 하면 그대로 자연스럽게 마른다. 그에 비해 화학약품을 듬뿍 주면서 재배한 채소는 자연스럽게 마르지 않고 오히려 썩어버리기 때문에, 채소를 말릴 때는 될 수 있으면 자연에서 유기농으로 키운 채소를 사용하는 것이 좋다. 또, 말린 채소는 껍질째 먹는 경우가 많기 때문에 안심하고 먹을 수 있는 싱싱한 친환경 채소를 골라야 한다.

말린 채소를 즐기는 시간, 시작!

처음 채소 말리기에 도전하는 사람이라면 어떻게 말려야 하는지,
잘 마를지 궁금하기도 하고 불안하기도 할 것이다.
지금부터는 말리기 시작부터 완성까지의 과정을 사진과 함께 알기 쉽게 설명하려 한다.
햇살 가득한 곳에 싱싱한 채소를 펼쳐서 말리는 장면을 보면
우리의 마음이 풍요로워지고 소박한 즐거움을 느낀다.
처음엔 부담스럽지 않게 적은 양부터 시작해 보자.

START

1 어떤 재료를 고를까?

처음에 도전하기 쉬운 채소는 뿌리채소이다. 과일 중에는 귤, 감, 망고, 파인애플 등이 말리기 쉽다. 반면 수분이 많은 잎채소나 싹기름채소, 너무 많이 익은 과일, 수분이 많은 수박과 배 등은 말리기에 적합하지 않다. 과일은 당도가 높으면 잘 마르지 않으며, 신맛이 강하거나 단맛이 부족한 것일수록 말리기 쉽다.

2 언제 말릴까?

습도가 낮은, 맑고 화창한 날에 말리는 것이 가장 좋다. 빨래나 이불을 말리기 좋을 때와 같다고 생각하면 된다. 시간대는 햇볕이 따뜻한 늦은 오전부터 해지기 전까지가 좋다. 단, 밤이슬을 맞으면 곰팡이가 생길 수도 있으므로 해가 지기 전에 반드시 실내로 들여놓아야 한다.

3 어디에서 말릴까?

햇빛이 잘 들고, 가능하면 바람이 잘 통하는 곳에서 말려야 한다. 단, 모래나 먼지가 많은 곳은 피하는 것이 좋다. 사진처럼 나무 받침대 위에 올려놓으면 바람이 잘 통해서 빨리 마른다.

빨래를 널 때처럼 빨랫줄이나 긴 장대에 채소를 걸어놓고 말릴 수도 있다.

말릴 곳이 마땅치 않다면 에어컨 실외기 위나 베란다 난간 등 좁은 공간도 활용해 보자. 단, 바람이 많이 부는 날에는 밑으로 떨어질 수 있으니 주의한다.

밖에 말릴 공간이 없다면 햇빛이 잘 드는 실내에서도 충분히 말릴 수 있다. 선풍기를 이용하거나, 텔레비전 위처럼 따뜻한 곳에 두어도 잘 마른다.

4   어떻게 말릴까?

일반적으로 소쿠리를 사용하는 것이 편리하다. 수분이 많은 채소를 말릴 때는 갓 구운 과자나 빵 등을 식힐 때 사용하는 식힘망을 쓰면 좋다. 어떻게 말리든 중간에 한 번씩 뒤집어서 골고루 말리는 것이 중요하다.

수분이 적은 채소라면 흡수성이 좋은 종이 위에 올려놓고 말려도 잘 마른다. 잘게 자른 채소를 말릴 때는 촘촘한 소쿠리나 키친타월을 깔고 말리면 편리하다.

● 말릴 때 주의할 점

채소를 말릴 때 실패하는 가장 큰 원인은 바로 곰팡이! 수분이 많은 채소나 과일은 말리는 과정에서 곰팡이가 피기 쉬우므로 키친타월 등으로 수분을 닦아낸 후에 말려야 한다. 반대로 수분이 적은 뿌리채소의 경우 너무 바싹 말리면 물에 담가도 불지 않고, 가열해도 부드러워지지 않으므로 이 책에서 소개하는 Semi dry 상태로 말리는 것이 좋다. 또한, 새나 고양이가 접근하거나 흙이나 먼지 오염이 걱정되는 경우, 또는 바람이 강하게 부는 날에는 바람이 잘 통하는 성긴 소쿠리를 채소 위에 덮어씌워서 말리거나, 실내에서 안전하게 말리는 것이 좋다.

수분이 적은 뿌리채소나 감자류, 무청 등은 끈으로 묶어서 매달아 놓으면 바람이 잘 통해서 빨리 마른다. 또한, 시판되는 식품 건조망을 사용하면 오염을 막을 수 있고, 새나 곤충 등의 접근도 막을 수 있다. 단, 바람이 강하고 먼지가 날리는 날에는 식품 건조망에 넣어도 오염되기 쉬우므로 주의한다.

GOAL

어느 정도 말릴까?
어떻게 요리할까?

날씨와 계절에 따라 다르지만 보통 짧게는 15분, 길게는 2일 정도 말린다. 이 책에서 제시한 시간과 말린 채소의 완성 사진을 참고해서 시간을 적당히 조절하면 된다.
말린 후에는 기본적으로 씻지 않고 그대로 먹는데, 신경이 쓰인다면 물로 살짝 씻어서 물기를 잘 뺀 다음 사용한다.

※ 잘게 자른 채소를 물로 씻으면 채소 고유의 맛이 빠져나가므로 되도록 씻지 않는 것이 좋다. 또한, 수분이 많은 토마토나 과일을 물에 씻었을 때는 바로 먹는 것이 좋다.

● 보관 방법

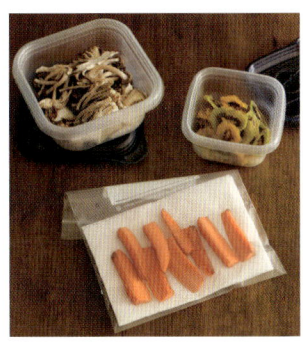

세미 드라이 _ Semi dry
밀폐용기나 지퍼백에 넣어서 4~5일 정도 냉장 보관할 수 있다. 수분이 많은 채소는 습기 제거를 위해 키친타월로 싸서 밀폐용기에 넣는다.

드라이 _ Dry
수분이 거의 없는 바싹 말린 드라이 상태라면 빈 병 등에 넣어서 상온에 보관할 수 있다. 건조제를 넣어도 좋으며, 한 달 안에 모두 사용하는 것이 좋다.

● 오븐으로 말리는 방법

토마토나 버섯류는 오븐으로도 말릴 수 있다. 토마토는 씨를 제거해서 용도에 맞게 썰고, 버섯은 칼로 자르거나 손으로 먹기 좋게 작은 크기로 나눈다. 망 위에 채소를 나란히 놓고 오븐팬에 올린 다음, 예열하지 않은 오븐에서 100℃로 약 1시간 30분 가열한다. 상태를 보면서 채소의 표면이 잘 마르고 시들해질 때까지 말리는데, 덜 마른 것 같으면 키친타월로 물기를 닦아내고 조금 더 말린다.

Column 01

채소를 말릴 때 필요한 도구

집에 있는 소쿠리로도 충분하지만, 하나 정도 갖고 있으면 편리하게 사용할 수 있는 도구를 소개한다.
요리 도구 중에도 채소를 말리는 데 활용하면 좋은 도구들이 있으니 참고한다.

대나무 소쿠리·채반

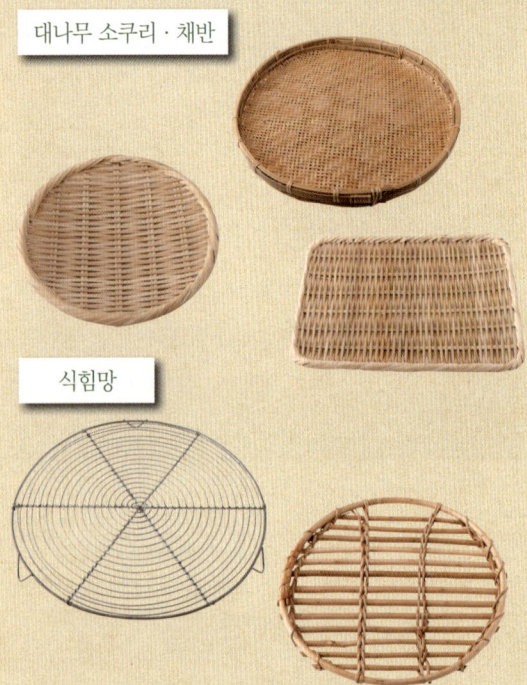

바닥이 평평한 소쿠리(왼쪽 가운데 사진)나 채반을 사용하면 늘어놓은 채소가 잘 움직이지 않아서 편리하다. 바닥이 오목한 원형 소쿠리나 네모난 소쿠리를 사용해도 괜찮지만, 모두 깨끗이 닦아서 잘 말린 다음에 사용하는 것이 중요하다. 크기가 다양하기 때문에 수납 장소와 말릴 장소의 공간을 생각하고 선택한다.

식힘망

수분이 많은 채소나 과일을 말릴 때 사용하면 편리하다. 쿠키를 만들 때 사용하는 금속 제품이나 천연소재로 만든 제품도 있다.

스테인리스 소쿠리, 트레이

비린내가 배기 쉬운 어패류를 말릴 때 좋으며, 채소도 말릴 수 있다. 바닥이 깊고, 구멍이 성긴 스테인리스 소쿠리는 채소 위에 덮어놓아 채소가 바람에 날아가거나, 새나 고양이가 접근하는 것을 막을 수 있다.

식품 건조망

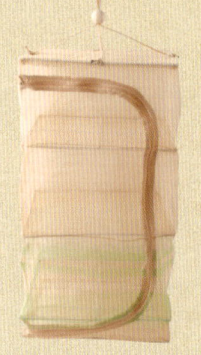

시중에 판매되는 식품 건조망을 사용해도 좋다. 여러 가지 재료를 한꺼번에 말릴 때도 편리하다.

기타

흡수성이 좋은 종이는 수분이 적은 채소나 과일을 말릴 때 사용한다. 김밥을 말 때 사용하는 김발을 평평하게 펼쳐서 그 위에 채소를 올려놓아도 잘 마른다.

Part 1 •••

요리로 느껴보자!
왜 말린 채소가 맛있는지

채소를 햇빛에 말리면 상상 이상으로 맛이 좋아질 뿐 아니라
그밖에도 여러 가지 좋은 점이 많다.
Part1에서는 왜 말린 채소가 맛있는지 그 이유를
5종류의 대표 요리로 소개한다.

짧은 시간에 맛이 잘 배어들고
모양이 흐트러지지 않는다

조림

채소를 햇빛에 말리면 표면의 수분이 빠져나가기 때문에
살짝 끓이기만 해도 맛이 깊이 배어들어서 요리 시간이 줄어든다.
게다가 씹는 맛도 좋고, 속에는 풍부한 즙까지!
무엇보다도 말린 채소의 가장 큰 매력은
오래 끓여도 씹는 맛이 살아 있고, 모양도 잘 유지된다는 것이다.

라타투이

재료(2인분)

Semi dry _
토마토(한입썰기) … 2개 분량
주키니(둥글게썰기) … 1개 분량
가지(둥글게썰기) … 1개 분량
빨강 파프리카(한입썰기) … 1개 분량
양파(한입썰기) … ½개 분량

마늘(다진 것) … ¼작은술
타임(신선한 것) … 적당량
올리브유 … 1큰술
소금, 후추 … 조금

만들기

1 냄비에 올리브유를 두른 다음, 다진 마늘을 넣고 약한 불로 볶는다.
2 마늘향이 나기 시작하면 나머지 채소를 모두 넣고 중간 불로 살짝 볶는다.
   소금과 후추를 살짝 뿌리고 타임을 넣은 다음 뚜껑을 덮는다.
   약한 중간 불에서 7~8분 정도 익히는데, 수분이 부족하면 물을 2~3큰술 정도 더 넣는다.
3 채소가 어느 정도 익으면 뚜껑을 열고, 국물이 졸아들 때까지 조린다.
   마지막으로 소금으로 간을 맞춘다.

※ 채소를 Semi dry 상태로 말리는 방법은 Part2에서 각 채소별로 소개한다. 주키니와 파프리카는 P.22 참조.

물이 생기지 않고
아삭아삭한 식감이 살아 있다

볶음

집에서 채소를 볶으면 물이 많이 생긴다.
이럴 때 말린 채소를 사용하면 표면이 마른 상태이기 때문에
양념이 잘 배어들고 물이 생기지 않는다.
게다가 불 세기에 크게 신경 쓰지 않아도
자연스럽게 아삭아삭한 식감이 살아난다.

채소 카레 볶음

재료(2인분)

Semi dry _
양파(빗모양썰기) … ¼개 분량
감자(채썰기) … ¼개 분량
셀러리(얇게 어슷썰기) … ½개 분량
양배추(한입썰기) … 4장 분량
피망(1cm 폭으로 썰기) … 1개 분량

식용유 … 1큰술
소금, 후추 … 적당량
카레가루 … ⅓작은술

만들기
1 프라이팬에 식용유를 두르고 달군 다음,
  양파와 감자를 넣고 소금을 약간 뿌리면서 중간 불로 볶는다.
2 셀러리와 양배추, 피망을 넣고 더 볶다가 소금, 후추, 카레가루로 간을 맞춘다.

※ 채소를 Semi dry 상태로 말리는 방법은 Part2에서 각 채소별로 소개한다. 셀러리와 피망은 P.22 참조.

부드러워서 먹기 좋다

건강을 위해서 매일 싱싱한 채소를 먹고 싶어도 많은 양을 먹기는 쉽지 않다.
하지만, 이럴 때 말린 채소의 진가가 발휘된다.
햇빛에 말리면 풋내가 사라지고 부피가 줄어들어 간단하게 많은 양을 먹을 수 있다.
샐러드에 넣거나 나물로 무치면 드레싱이나 양념장과 잘 어우러지며,
물이 많이 생기지 않아서 좋다.

샐러드 무침

바냐 카우다

재료(2~3인분)
Semi dry _
오이(막대썰기) … 1개 분량
무(껍질 벗기고 두껍게 막대썰기) … 적당량
당근(껍질 벗기고 두껍게 막대썰기) … ½개 분량
콜리플라워(먹기 좋은 크기로 나누기) … ⅛개 분량
브로콜리 심(껍질 벗기고 두껍게 막대썰기) … ½개 분량

우유 … 100ml
물 … 100ml
마늘 … 4쪽

A ┌ 안초비 소스 … ½큰술
　├ 올리브유 … 3큰술
　├ 소금, 후추 … 조금
　└ 간장(또는 미소된장) … 적당량(넣고 싶은 만큼)

만들기
1 마늘은 반으로 잘라서 심을 뺀 다음 우유, 물과 함께 냄비에 넣고 약한 불로 끓인다.
2 마늘이 부드러워지면 국물은 버리고 포크 등으로 마늘을 으깨서 페이스트 상태로 만든다. A를 넣고 섞어서 소스를 만든다.
3 말린 채소를 그릇에 보기 좋게 담고, **2**의 소스를 곁들인다. 채소를 소스에 찍어 먹는다.

※ 바냐 카우다_이탈리아 요리로 올리브유와 안초비 등을 넣고 만든 소스에 채소 등을 찍어 먹는다.
※ 채소를 Semi dry 상태로 말리는 방법은 Part2에서 각 채소별로 소개한다.

진한 감칠맛이 우러나기 때문에
맛국물이 따로 필요 없다

말린 채소 중에서도 특히 뿌리채소는 햇빛에 말리면 고유의 맛이 살아난다.
국이나 조림에 넣으면 진한 감칠맛이 우러나와서
맛국물이 따로 필요 없을 정도!
게다가 오래 끓여도 식감은 그대로 살아 있다.

국
찌개

말린 채소 된장국

재료(2~3인분)

Semi dry _
토란(껍질 벗기고 둥글게썰기) … 40g
우엉(껍질째 어슷썰기) … 20g
무(껍질 벗기고 마구썰기) … 40g
당근(껍질 벗기고 마구썰기) … 40g
대파(한입썰기) … 20g
※ 말린 채소는 좋아하는 것을 선택하고, 분량은 1컵 정도 준비한다.

곤약 … ⅛토막
찌개용 두부 … ⅙모
식용유 … 1작은술
된장 … 2~3큰술
물 … 450ml

만들기

1 곤약은 막대모양으로 썰어서 끓는 물에 살짝 데친다.
2 냄비에 식용유를 두르고 달군 다음, 두부를 제외한 나머지 재료를 모두 넣고 중간 불로 볶는다.
3 전체적으로 기름기가 돌면 두부를 손으로 적당히 잘라서 넣고, 물을 붓고 끓인다.
4 채소가 다 익으면 불을 끄고 된장을 풀어 넣는다.

※ 채소를 Semi dry 상태로 말리는 방법은 Part2에서 각 채소별로 소개한다. 토란은 P.22 참조.

따끈하고 부드러운 찜 요리에 진한 감칠맛이 스며 있다

찜 구이

채소를 찌면 가열 정도에 따라 수분이 배어나와 질어지기 쉽다.
하지만 말린 채소로 요리하면 딱 알맞게
따끈따끈하고 부드러운 찜이 완성된다.
물이 잘 생기는 채소 소테에도 말린 채소를 이용하면
노릇노릇 보기 좋게 익는다.
특히 타진냄비로 말린 채소를 요리하면
깊은 감칠맛과 고유의 풍미를 즐길 수 있다.

말린 채소찜

재료(2~3인분)

Semi dry _
브로콜리(적당한 크기로 나누기) … ⅙ 개 분량
순무(세로 2등분) … 2개 분량
붉은양파(둥글게썰기) … 1개 분량
옥수수(4cm 길이로 썰기) … 1개 분량
꼬투리강낭콩 … 4개

물 … 4~5큰술
올리브유, 소금, 레몬즙 … 적당량

만들기

1 타진냄비에 모든 채소와 물을 넣고 약한 중간 불로 15분 정도 찌는데,
    탈 것 같으면 중간에 물을 조금 더 넣는다.
2 채소가 다 익으면 올리브유, 소금, 레몬즙을 찍어서 먹는다.

※ 타진냄비 _ 뚜껑이 원뿔모양으로 생긴 냄비로, 물이 부족한 모로코에서 재료 자체의 수분만을 이용하여 저
    수분 요리를 할 수 있도록 고안한 것이다. 찜요리에 적합하며 식재료의 맛과 영양을 잘 살릴 수 있다.
※ 채소를 Semi dry 상태로 말리는 방법은 Part2에서 각 채소별로 소개한다.
    붉은양파는 일반 양파와 같은 방법으로 말리고, 옥수수와 꼬투리강낭콩은 P.22 참조.

Column 02

여러 가지 채소와 과일 말리기

Part2부터는 평소에 많이 먹는 채소와 과일을 중심으로 말리는 방법과 레시피를 소개한다.
이 책에서 소개하는 재료 외에 평소에 자주 먹지 않는 채소나 과일도 기회가 될 때 말려보면 새로운 맛을 경험할 수 있다.

Semi dry_채소·버섯·허브

사진 속의 모든 채소는 Semi dry 상태로 말린 것이다. 이 책의 레시피에 사용되는 식재료이므로 손질한 모양도 참고해서 말려보자.

- 옥수수 (5cm 두께로 썰기)
- 셀러리 (얇게 어슷썰기)
- 양송이 (세로 2등분)
- 빨강 피망 (한입썰기, 가늘게 썰기)
- 피망 (가늘게 썰기)
- 토란 (반달썰기)
- 오크라 (통째로)
- 셀러리 잎
- 꼬투리강낭콩 (통째로)
- 작은양파 (통째로, 세로 2등분)
- 주키니 (동글게썰기)

Semi dry_과일

- 파인애플 (얄팍썰기)
- 서양배 (껍질째 얄팍썰기)
- 영귤 (껍질째 둥글게썰기)

Part 2 •••

채소와 버섯, 허브를 말린다

Part2에서는 채소와 버섯, 허브를 말리는 방법과
그 재료를 사용한 요리를 소개한다.
선택한 재료는 평소에 자주 사용하는 것들이며,
어느 정도로 말린 채소를 사용하느냐는
Semi dry와 Dry, 2가지 방법을 설명했으니
요리에 가장 잘 어울리는 말린 채소를 선택하면 된다.
말리는 방법은 재료별로 설명한 '말리는 방법'을 참고한다.

토마토 · 방울토마토

붉은색이 선명한 토마토는 한 번쯤 말려보고 싶은 채소이다.
시중에서 판매되는 드라이 토마토는 오랫동안 바짝 말린 것이지만
여기서는 짧은 시간 살짝 말려서
토마토 고유의 감칠맛과 단맛을 끌어내는 방법을 소개한다.
파스타, 샐러드, 조림용 소스에 사용하면
깜짝 놀랄 깊고 진한 맛을 느낄 수 있다.

🍊 Semi dry_토마토

말리는 방법
가로 2등분해서 작은 티스푼이나 숟가락 손잡이를 이용하여 씨를 빼고 용도에 맞게 썬다(둥글게썰기, 한입썰기). 껍질을 아래로 해서 소쿠리에 가지런히 늘어놓고, 자른 면의 껍질에 주름이 생길 때까지 말린다.
※ 자른 면의 물기를 키친타월로 닦아내고 말리면 좀 더 빨리 마른다.

말리는 시간
햇빛에서 반나절~하루

🍊 Semi dry_방울토마토

말리는 방법
세로 2등분해서 작은 티스푼이나 숟가락 손잡이를 이용하여 씨를 빼고, 껍질을 아래로 해서 소쿠리에 가지런히 늘어놓는다. 자른 면의 껍질에 주름이 생기고, 전체적으로 시들해질 때까지 말린다.

말리는 시간
햇빛에서 반나절~하루

🍊 Dry_방울토마토

말리는 방법
Semi dry와 같은 방법으로 말린다.
※ 오일 절임에 사용할 경우에는 소금을 조금 뿌려서 말린다.

말리는 시간
햇빛에서 3~4일

세련되게 즐기기

말린 토마토를 얹은 치즈 토스트

먹기 좋은 크기로 자른 빵에 올리브유를 바르고 소금을 살짝 뿌린다. 둥글게 썬 토마토(Semi dry)와 치즈를 빵에 올린 다음, 치즈가 녹을 때까지 노릇노릇하게 굽는다.
※ 빵은 딱딱한 바게트나 통밀빵을, 치즈는 파르메산 치즈나 모짜렐라 치즈를 준비한다.

햇살 담은 파스타

태양의 빛을 가득 담은 말린 토마토.
토마토의 깊고 진한 맛을 담백하게 즐겨보자.

재료(2인분)

토마토(한입썰기 · Semi dry) … 큰 것 2개 분량
스파게티 … 160g
소금 … 적당량
올리브유 … 1큰술
바질(신선한 것) … 적당량

만들기

1. 냄비에 토마토를 넣고 소금을 조금 뿌려서 살짝 으깨듯이 섞고,
다른 냄비에 스파게티를 삶을 물을 끓인다.
2. 토마토가 있는 냄비에 올리브유 1큰술을 넣고 중간 불로 살짝 볶다가,
토마토와 올리브유가 잘 섞이면 뚜껑을 덮고 약한 불로 찐다.
(이때 물이 생기지 않으면 스파게티용으로 끓인 물을 3~4큰술 정도 넣는다.)
3. 끓는 물에 소금을 넣고 포장에 표시된 시간만큼 스파게티를 삶는다.
4. 토마토가 부드러워지면 소금으로 간을 맞추고,
삶은 스파게티를 넣어서 잘 섞는다. 그릇에 담고 바질을 올려 장식한다.

심플한 살사 소스

햇빛에 말려서 신맛이 부드러워진 토마토를 날것 그대로 소스로 만든다.
치킨 소테에 곁들여도 잘 어울린다.

재료(2~3인분)

방울토마토(세로 2등분, Semi dry) … 20개
붉은양파(잘게썰기, Semi dry) … ⅙개 분량
A ┌ 타바스코(취향에 따라) … ½작은술
　├ 레몬즙 … 2큰술
　└ 소금, 후추 … 조금
코리앤더(또는 이탈리안 파슬리) … 적당량
바게트(취향에 따라) … 적당량

※ 붉은양파는 일반 양파와 같은 방법으로 말린다.
　봄에 나오는 조생종 양파를 사용해도 좋다.

만들기

1 반으로 잘라서 말린 방울토마토를 다시 2등분한다. 잘게 썬 붉은양파와 함께 볼에 담고 A를 넣어서 잘 섞는다.
　그냥 먹어도 되지만 냉장고에 넣어 1시간 정도 재우면 맛이 더 살아난다.
2 잘게 다진 코리앤더를 넣고 잘 섞은 다음, 바게트와 함께 즐긴다.

쿠스쿠스를 곁들인 토마토 닭날개 조림

커민으로 향을 낸 중동 스타일의 조림 요리.
감칠맛 나는 맛있는 소스를 쿠스쿠스에 버무려 먹어보자.

재료(2~3인분)

- 토마토(크게 한입썰기 · Semi dry)
  … 큰 것으로 3개 분량
- 오크라(Semi dry) … 4개
- 양파 … ½개
- 마늘 … 1쪽
- 닭날개 … 6개
- 올리브유 … 2큰술
- 화이트 와인 … 4큰술
- 소금, 후추 … 적당량
- 쿠스쿠스 … 1컵
- 커민 … ½작은술
- 뜨거운 물 … 1컵

만들기

1 닭 날개에 소금과 후추로 밑간을 한다. 양파는 잘게 다지고 오크라는 삶는다.
2 프라이팬에 올리브유 1큰술을 두르고 다진 마늘을 넣은 다음 약한 불로 볶는다.
  향이 나면 중간 불로 올려서 닭날개를 굽는다.
  앞뒤가 노릇노릇해질 때까지 굽고, 프라이팬 한쪽에 다진 양파를 넣어 함께 볶는다.
3 프라이팬에 화이트 와인과 토마토를 넣고 뚜껑을 덮은 다음, 15분 정도 조린다.
  닭날개가 다 익으면 소금을 조금 뿌려서 간을 맞춘다.
4 다른 프라이팬에 올리브유 1큰술을 두르고 커민을 넣어 약한 불로 볶는다.
  커민 향이 나기 시작하면 중간 불로 올리고, 쿠스쿠스를 넣어 볶는다.
  뜨거운 물을 넣어서 살짝 섞고 불을 끈 다음, 뚜껑을 덮어서 3분 정도 뜸을 들인다.
5 그릇에 3과 4를 담고 오크라를 곁들인다.

※ 쿠스쿠스 _ 좁쌀 모양으로 생긴 파스타.

올리브 오일에 절인 방울토마토

말린 토마토가 남았다면 오일 절임을 만들어보자.
잘게 다져서 드레싱이나 수프에 넣는 등 다양하게 활용할 수 있다.

재료(2~3인분)

방울토마토(세로 2등분해서 씨 빼기·Dry)
　　… 빨강, 노랑 각 10개
올리브유 … 150~200ml
마늘 … 1쪽
월계수 잎 … 2장
로즈메리 … ¼줄기

※ 방울토마토는 말리기 전에 소금을 살짝 뿌려서 말린다.
※ 오레가노와 홍고추를 함께 절여도 좋다.

만들기

1 빈 병을 깨끗이 닦아서 물기를 제거한다.
2 말린 방울토마토와 반으로 자른 마늘, 월계수 잎, 로즈메리를 빈 병에 넣고, 모든 재료가 잠길 정도로 올리브유를 부어서 절인다. 2~3시간 정도 지나면 먹을 수 있다.

오이 · 가지

날것으로 많이 먹는 오이지만
햇빛에 말리면 수분이 적당히 빠져서 씹는 맛이 좋아지기 때문에
꼭 한번 말린 오이로 볶음요리를 만들어보자.
말린 가지는 튀길 때 기름이 안 튀고, 볶아도 물기가 많아지지 않는 등
같은 요리를 해도 다른 점을 느낄 수 있다.
햇빛에 말리면 살짝 갈색으로 변하지만 맛은 변함이 없다.

◉ Semi dry_가지

말리는 방법
껍질째 용도에 맞게 썰고(한입썰기, 둥글게썰기, 마구썰기), 껍질을 아래로 해서 소쿠리에 가지런히 올려놓는다. 씨가 검게 변하고, 껍질에 살짝 주름이 생길 때까지 말린다.

말리는 시간
햇빛에서 1시간~반나절

◉ Semi dry_오이

말리는 방법
씨가 크면 작은 티스푼으로 긁어서 빼고, 용도에 맞게 썬다(막대썰기, 깍둑썰기). 소쿠리에 올려서 표면이 하얗게 마르고, 전체적으로 시들해질 때까지 말린다.

말리는 시간
햇빛에서 2시간~하루

세련되게 즐기기

오이 남플라 볶음

대파 ½뿌리는 가늘게 썰고, 생강 1쪽은 채 썬다. 닭가슴살 1조각을 얇게 저미고 소금과 후추를 뿌려서 밑간을 한다. 프라이팬에 참기름을 두르고 생강을 볶다가 닭 가슴살을 넣은 다음, 익으면 막대썰기한 오이 1개(Semi dry)와 대파를 순서대로 넣고 볶는다. 남플라와 소금으로 간을 맞추고 실고추를 뿌린다.

가지 된장 볶음

프라이팬에 식용유를 두르고 달군 다음, 마구썰기한 가지 2개(Semi dry)를 넣고 중간 불로 살짝 볶는다. 물 2큰술을 넣고 뚜껑을 덮은 다음 찌듯이 익힌다. 가지가 어느 정도 익으면 양념장(된장 1큰술, 맛술 1큰술, 간장 ½작은술)을 넣고 잘 섞는다.

오이 볶음밥

꼬드득 꼬드득 씹히는 오이의 맛이 포인트!
볶은 오이를 한 번 맛보면 그 맛이 잊혀지지 않는다.

재료(2인분)

오이(깍둑썰기 · Semi dry) … 1개 분량
잔멸치 … 4큰술
달걀 … 2개
밥 … 약 2공기
참기름 … 1큰술
간장 … 조금
소금, 후추 … 조금

만들기

1 기름을 두르지 않은 프라이팬에 잔멸치를 넣고 약한 불로 살짝 볶는다. 향이 나면 일단 그릇에 옮긴다.
2 참기름을 두른 프라이팬을 강한 불로 달구어 달걀을 풀어 넣고 재빨리 저은 다음, 밥과 오이를 넣어서 볶는다.
3 2에 1과 간장을 넣어 잘 섞고, 마지막으로 소금과 후추로 간을 맞춘다.

튀긴 가지 절임

간단한 반찬이지만 요리 시간이 짧고
시간이 지나도 물이 생기지 않는 것이 말린 가지의 장점이다.

재료(2인분)

가지(세로 2등분, 가로 2등분해서 껍질에
　　칼집내기 : Semi dry) … 2개 분량
꽈리고추 … 4개
맛간장 … 적당량
뜨거운 물 … 적당량
튀김용 기름 … 적당량

만들기

1 끝이 뾰족한 꼬치나 칼끝으로 꽈리고추에 구멍을 뚫는다.
2 170℃로 가열한 기름에 말린 가지와 꽈리고추를 튀긴다.
　가지와 꽈리고추가 익으면 건져서 기름기를 빼고 그릇에 담는다.
3 맛간장에 뜨거운 물을 넣어서 입맛에 맞게 희석시킨 다음 2에 붓는다.

브로콜리 · 콜리플라워

날것을 뜨거운 물에 살짝 데치면 부드러운 맛을 즐길 수 있고,
햇빛에 말리면 아삭아삭한 식감을 즐길 수 있다.
가열 시간이 짧아지고 따로 데칠 필요 없이 바로 볶을 수 있어 편리하다.
특히, 심 부분은 햇빛에 말리면 단맛이 나고 부드러워진다.

⚙ Semi dry_브로콜리 · 콜리플라워

말리는 방법
심을 잘라내고 먹기 좋은 크기로 작게 나누거나 큼지막하게 자른다. 소쿠리에 올린 다음, 자른 면이 마르고 전체적으로 시들해져서 만지면 부드러운 상태가 될 때까지 말린다.

말리는 시간
햇빛에서 2시간~반나절

⚙ Semi dry_심

말리는 방법
잘라낸 심의 껍질을 벗기고 용도에 맞게 썬다(막대썰기, 한입썰기). 소쿠리에 올려놓고 시들해질 때까지 말린다.

말리는 시간
햇빛에서 2시간~반나절

세련되게 즐기기

브로콜리와 콜리플라워 절임

끓는 물에 소금을 넣고 먹기 좋은 크기로 자른 브로콜리와 콜리플라워(모두 Semi dry)를 데쳐서 찬물로 헹구어 물기를 뺀다. 비닐팩에 폰즈 소스와 물을 넣어 입맛에 맞게 농도를 조절한 다음, 브로콜리와 콜리플라워를 넣고 공기를 빼서 30분 정도 절인다.

머스터드를 곁들인 돼지고기 콜리플라워 수프

말린 콜리플라워와 돼지고기를 푹 끓여서
돼지고기의 감칠맛이 콜리플라워에 듬뿍 배어들었다.

재료(2~3인분)

콜리플라워(크게 자르기·Semi dry) ··· ½개 분량
작은양파 ··· 6개(또는 큰 양파 1개)
마늘 ··· 1쪽
소금에 절인 돼지고기(소금에 절이지 않은
　　돼지고기 목심도 가능) ··· 100g
올리브유 ··· 1큰술 / 화이트 와인 ··· 4큰술
소금, 후추 ··· 조금
머스터드 ··· 2큰술 / 물 ··· 적당량

※ 소금에 절인 돼지고기_돼지고기 덩어리에 무게의 2% 정
　도 되는 소금을 뿌린 다음, 키친타월로 싸서 지퍼백에 넣고
　냉장고에서 3일~1주일 정도 재운다.

만들기

1　미리 만들어 둔 소금에 절인 돼지고기를 큼지막하게 썬다.
2　냄비에 올리브유를 두르고 으깬 마늘을 넣은 다음 약한 불로 볶는다.
　향이 나면 돼지고기를 넣고 노릇노릇해질 때까지 중간 불로 굽는다.
　작은양파(또는 먹기 좋은 크기로 썬 큰 양파)와 화이트 와인을 넣은 다음
　뚜껑을 덮고 찐다.
3　재료가 잠길 정도로 물을 붓고 약한 중간 불로 20분 정도 끓인다.
4　콜리플라워를 넣고 끓이다가 맛을 보고,
　싱거우면 소금과 후추로 간을 맞춘다.
5　콜리플라워가 익으면 그릇에 담고 머스터드를 곁들인다.

구운 브로콜리를 넣은 시저 샐러드

구운 브로콜리의 고소한 향을 즐길 수 있는 따뜻한 샐러드.
빵 조각을 얹어서 함께 구우면 크루통으로 변신!

재료(2~3인분)

브로콜리(먹기 좋은 크기로 나누기 · Semi dry) … ½개 분량
소시지(속이 거친 종류) … 2개
올리브유 … 조금
식빵(깍둑썰기) … ½장 분량
반숙 달걀 … 1개
| 시 저 드 레 싱 |
마요네즈 … 2큰술
파르메산 치즈 … 2큰술
올리브유 … 1큰술 / 레몬즙(또는 식초) … 1큰술
소금, 굵게 간 후추 … 조금

만들기

1 소시지는 어슷썰기하고, 빵은 0.5~1㎝ 크기로 깍둑썰기한다.
물을 묻힌 손으로 브로콜리의 표면을 살짝 적시고,
시저 드레싱의 재료는 골고루 잘 섞어둔다.

2 브로콜리, 소시지를 내열그릇에 담고 올리브유를 두른다.
그 위에 깍둑썰기한 식빵을 얹어서 오븐 토스터에 넣고 노릇노릇
해질 때까지 5분 정도 굽는다(브로콜리는 덜 익혀도 괜찮다).

3 반숙 달걀을 위에 얹고, 시저 드레싱을 뿌려서 먹는다.

※ 크루통_빵을 작은 주사위 모양으로 썰어서 기름에 튀긴 것. 수프나 샐러드에
넣어서 먹는다.

무 · 순무

오래 끓여도 모양이 뭉그러지지 않고,
맛이 잘 배어들어서 조림이나 수프 재료로 안성맞춤이다.
껍질째 말려야 진한 맛을 느낄 수 있지만,
껍질을 벗겨서 가늘게 채 썰어서 말리면
그냥 먹을 때와는 달리 아삭아삭한 식감을 즐길 수 있다.
무청도 햇빛에 살짝 말리기만 하면 맛있게 먹을 수 있다.
무와 순무 말리기에 익숙해졌다면 무말랭이도 꼭 한번 도전해보자.

Semi dry_무

말리는 방법
용도에 맞게 껍질을 벗기고 썬다(막대썰기, 둥글게썰기, 은행잎썰기). 소쿠리에 펼쳐놓고 자른 면의 모서리가 둥글어지고, 표면의 섬유질이 살짝 보일 때까지 말린다.

말리는 시간
햇빛에서 2시간~반나절

Semi dry_순무

말리는 방법
껍질째 용도에 맞게 썬다(빗모양썰기). 껍질을 아래로 해서 소쿠리에 가지런히 올려놓고, 자른 면이 껍질보다 살짝 들어갈 때까지 말린다.

말리는 시간
햇빛에서 2시간~반나절

Dry_무말랭이

말리는 방법
껍질째 길게 채 썰어서(채칼을 사용하면 편리하다), 소쿠리에 겹치지 않도록 펼쳐놓는다. 바싹 말라서 손으로 들어 올리면 가볍게 느껴질 때까지 말린다.
※ 청수궁중무(왼쪽),
   일반 무(오른쪽).

말리는 시간
햇빛에서 2시간~하루

Semi dry_순무청

말리는 방법
무청이 달린 순무의 밑동을 처마끝이나 빨랫줄에 매단다. 이파리가 쭈글쭈글해지고 줄기가 시들해질 때까지 말린다.
※ 무청을 너무 바싹 말리면 식감이 좋지 않기 때문에 햇빛에 살짝 말리는 정도가 가장 좋다.

말리는 시간
햇빛에서 2~3시간 정도

세련되게 즐기기

무청 된장 나물

무나 순무의 무청(Semi dry) 30줄기 정도를 잘게 썬 다음, 프라이팬에 참기름을 살짝 두르고 볶는다. 양념장(식초 ½큰술, 된장 1큰술, 간장 조금, 설탕 ½작은술)을 넣어서 골고루 무친다.

무말랭이 영양 샐러드

무 ⅓개 분량의 무말랭이를 물에 15~20분 정도 불린 다음, 물기를 뺀다. 불린 무말랭이에 잔멸치, 설탕 ½작은술, 간장 1큰술, 식초 1½큰술, 식용유 1작은술을 넣고 잘 버무린다. 흰깨를 뿌려 마무리 한다.

가리비와 무를 넣은 영양 솥밥

무의 단맛과 가리비 국물이 밥에 스며들어 맛있다.
가리비도 살짝 말려서 넣으면 감칠맛이 더해진다.

재료(3~4인분)
- 무(5mm 두께로 깍둑썰기 · Semi dry) … 80g
- 말린 가리비(두께를 반으로 자르기) … 6개 분량
- 유부 … ½장
- 생강 … 1쪽
- 쌀 … 300g
- 물 … 적당량
- A ┌ 소금 … ½작은술
     ├ 국간장 … 2작은술
     └ 맛술 … 1큰술
- 산초잎이나 파드득나물 또는 김 … 적당량

※ 가리비 말리는 방법은 P.92 참조. 가리비 통조림(70g)
  을 사용해도 좋다.
※ 무를 Semi dry 상태로 말릴 때는 무가 원래 크기보다 살
  짝 줄어들 정도로 말리면 씹는 맛이 좋다.

만들기
1. 유부는 기름을 빼고 직사각형으로 자르고,
   생강은 가늘게 채 썬다. 쌀은 깨끗이 씻어둔다.
2. 솥에 쌀, 무, 가리비, 유부와 A를 넣는다.
   (가리비 통조림을 사용할 때는 통조림 국물도 함께 넣는다.)
   물의 양은 평소에 밥을 지을 때보다 약간 적게 맞춘다.
3. 뜸이 들면 그릇에 보기 좋게 담고,
   산초잎이나 파드득나물 등을 얹어서 장식한다.

순무와 굴이 들어간 두유 그라탱

입안에서 달콤하게 녹는 듯한 순무와 크림처럼 부드러운 굴을
겨울철에만 맛볼 수 있는 행복한 앙상블!

재료(2인분)

순무(빗모양썰기 · Semi dry) … 2개 분량
굴 … 8개
녹말가루 … 적당량
두유 … 50ml
미소된장 … 1작은술
버터 … ½큰술
피자용 치즈 … 50g
빵가루 … 3큰술
소금, 후추 … 조금
버터 … 조금
파슬리(다진 것) … 적당량

만들기

1. 굴은 물에 살짝 씻어서 물기를 뺀 다음, 소금과 후추로 밑간을 하고 녹말가루를 뿌려둔다.
2. 내열그릇에 버터를 조금 바르고 치즈와 빵가루를 준비한 양의 ½씩 깐 다음, 순무와 굴을 가지런히 올린다.
3. 두유와 미소된장을 섞어서 2 위에 뿌리고, 남은 치즈와 빵가루, 버터 ½큰술도 골고루 뿌린다.
4. 오븐 토스터에 넣고 굴이 노릇노릇하게 구워질 때까지 10~15분 정도 굽는다.
   (굴이 다 익기 전에 겉이 탈 것 같으면 알루미늄 포일을 씌워서 굽는다.)
   마지막으로 파슬리를 뿌려서 장식한다.

무와 표고, 닭고기를 넣은 건강 수프

무와 표고, 닭고기의 깊은 맛이
온몸으로 깊이 전해진다.

재료(2~3인분)

- 무(두껍게 반달썰기 · Semi dry) … 8토막
- 표고(Dry) … 4개
- ※ 표고 말리는 방법은 P.65 참조. 시중에서 판매하는 마른 표고를 사용해도 좋다.
- 닭봉(백숙용) … 6개
- 생강 … 1쪽
- 다시마(5×5cm) … 1장
- 물 … 적당량
- 청주 … 4큰술
- 소금, 굵게 간 후추 … 적당량

만들기

1. 닭봉에 소금을 조금 뿌려서 밑간을 한다. 생강은 껍질째 얇게 저민다.
2. 뚝배기(또는 큰 냄비)에 소금과 후추를 제외한 나머지 재료를 모두 넣고, 재료가 푹 잠길 정도로 물을 넉넉하게 붓는다.
3. 중간 불로 끓이다가 끓어오르면 다시마를 건져내고 국자를 이용해서 거품을 걷어낸다.
   불을 조금 줄이고 냄비에 쏙 들어가는 뚜껑을 덮어서 1시간 정도 끓이는데, 살짝 끓는 상태를 유지하면서 물이 부족하면 물을 더 붓는다.
4. 소금과 후추로 간을 맞춘다.

구운 무와 발사믹 소스

말린 무를 살짝 구우면 좀 더 진한 맛이 우러난다.
재료 고유의 맛을 끌어내는 심플한 레시피를 즐겨보자.

재료(2인분)

무(토막썰기 · Semi dry) … 6토막
올리브유 … ½큰술
소금 … 조금
A ┌ 발사믹 식초 … 3큰술
　└ 간장 … 조금

만들기

1 뚜껑을 덮을 수 있는 프라이팬에 올리브유를 두르고 무를 가지런히 올린 다음, 소금을 1자밤 정도 뿌린다.
2 뚜껑을 덮고 약한 불에 올린 다음, 잘 익도록 중간에 뒤집어 주면서 익힌다. 무가 익으면 강한 불로 노릇노릇해질 때까지 구워서 그릇에 보기 좋게 담는다.
3 2의 프라이팬에 A를 넣고 한소끔 끓여서 걸쭉해지면 무에 곁들인다.

양파 · 파

햇빛에 말린 양파는 고유의 맛과 단맛이 진해져서 볶음 양파 대신 사용하면 좋다.
소스나 수프, 조림 등에 넣으면 오래 끓이지 않아도
마치 푹 끓인 것처럼 깊은 맛이 우러난다.
파는 다른 채소에 비해 빨리 마르기 때문에 너무 얇게 썰지 않는다.

❋ Semi dry_파

말리는 방법
용도에 맞게 적당한 길이로 썰어서(한입 썰기, 어슷썰기), 소쿠리에 가지런히 올려놓는다. 자른 면이 바삭하게 마르고, 바깥쪽이 조금 오그라들 때까지 말린다.

말리는 시간
햇빛에서 1시간~하루

❋ Semi dry_양파

말리는 방법
껍질을 벗겨서 용도에 맞게 썰고(빗모양 썰기, 둥글게썰기), 소쿠리에 올린다. 낱장으로 떼어서 말릴 때는 수분이 빠져서 둥글게 말릴 때까지 말린다. 통째로 썰어서 말릴 때는 자른 면이 마르고, 바깥쪽이 조금 오그라들 때까지 말린다.

말리는 시간
햇빛에서 2시간~하루

❋ Dry_쪽파

말리는 방법
작게 송송 썰어서 소쿠리 등에 펼쳐놓고 수분이 완전히 마를 때까지 바싹 말린다.
※ 양념이나 고명으로 사용하면 좋다.

말리는 시간
햇빛에서 1~2일

세련되게 즐기기

양념으로 쓰는 바싹 말린 쪽파

수분 없이 바싹 말린 쪽파는 오래 보관할 수 있기 때문에 양념이나 고명으로 사용하면 편리하다. 된장국에 넣을 때는 불을 끄기 바로 전에 넣는 것이 좋다.

새우와 양파를 넣은 레몬크림 라이스

양파에서 우러나온 맛있는 국물과
레몬의 상큼한 맛이
고슬고슬 잘 지어진 밥과 잘 어울린다.

재료(2인분)

- 양파(둥글게썰기 · Semi dry) … 1개 분량
- 양송이(세로 4등분 · Semi dry) … 4개 분량
- 껍질 벗긴 새우 … 중간 크기로 8마리
- 화이트 와인 … 3큰술
- 생크림 … 100ml
- 레몬즙 … 1큰술
- 식용유 … ½큰술
- 소금, 굵게 간 후추 … 조금
- 밥 … 2공기 분량

※ 양송이 말리는 방법은 P.22 참조.
   말리지 않은 양송이를 사용해도 좋다.

만들기

1 새우에 소금과 후추를 뿌려서 밑간을 한다.
2 프라이팬에 식용유를 두르고 달궈서 양파를 올린 다음, 소금을 살짝 뿌리고 단맛이 날 때까지 중간 불로 볶는다. 새우를 넣고 볶다가 분홍색으로 변하면 화이트 와인을 넣고, 뚜껑을 덮어서 좀 더 익힌다.
3 생크림을 넣고 소금과 후추로 간을 맞춘다. 레몬즙을 넣고 바로 불을 끈다.
4 접시에 밥을 담고 3을 곁들인다.

구운 대파를 넣은 맑은 대구탕

구운 대파의 그윽한 향이 입안에 퍼지는
담백하면서도 깔끔한 맛이 일품인 국물요리.

재료(2인분)

대파(3~4cm 길이로 썰기, Semi dry)
　　　… 2뿌리 분량
대구 … 2토막
가쓰오부시 맛국물 … 2컵
소금 … 적당량
국간장 … 1작은술
청주 … 1작은술
영귤 … 적당량

만들기

1 말린 대파는 오븐 토스터나 생선구이 그릴을 이용해서 노릇노릇하게 굽는다.
2 대구는 한입 크기로 어슷하게 썰고, 소금을 조금 뿌려서 밑간을 한다.
3 냄비에 맛국물과 국간장, 청주를 넣고 소금으로 간을 맞춘다.
4 대파와 대구를 넣고 익을 때까지 끓인다. 영귤즙을 뿌려서 먹는다.

Column 03

말린 채소 절임

수분이 적당히 빠져서 마른 채소는 절임용으로 딱 알맞다.
수분이 없어서 국물이 싱거워지지 않고, 미리 삶거나 소금에 절일 필요가 없어서 간편하다.

자투리 채소로 만든 초간단 피클

재료(2~3인분)

자투리 채소(Semi dry) … 1줌
A ┌ 식초 … 100ml
  │ 화이트 와인 … 50ml
  │ 물 … 50ml
  │ 설탕 … 1½큰술
  └ 소금 … ½작은술

※ 취향에 따라 얇게 저민 마늘(2~3조각), 월계수 잎(1장), 홍고추(1개)를 넣어도 좋다.

만들기

1 빈 병을 깨끗이 씻어서 물기를 뺀다.
2 A를 작은 냄비에 넣고 끓인다. 한소끔 끓으면 불을 끄고 식혀서 피클용 국물로 사용한다.
3 빈 병에 채소를 넣고 피클용 국물을 붓는다. 4~5시간 정도 지나면 먹을 수 있는데, 냉장고에 넣으면 1달 정도 보관할 수 있다.

채소를 알뜰하게 사용할 수 있다!

대부분 그냥 버리게 되는 자투리 채소나 껍질, 브로콜리 심 등도 햇빛에 잘 말리면 부드러워져서 맛있게 먹을 수 있다. 햇빛에 2~3시간 정도 말려서 요리에 활용해보자.

꿀에 절인 말린 토마토

재료(2~3인분)

방울토마토(세로 2등분해서 씨 빼기·Dry)
　… 빨강 토마토와 주황 토마토 각 10개
꿀 … 약 150ml

만들기

1 빈 병을 깨끗이 씻어서 물기를 뺀다.
2 말린 방울토마토를 빈 병에 넣고, 방울토마토가 잠길 정도로 꿀을 넣은 다음, 하룻밤 정도 절인다. 냉장고에 넣으면 1달 정도 보관할 수 있다.

버섯과 허브의 오일 마리네

재료(2~3인분)

버섯(취향에 따라 선택·먹기 좋은 크기로 나누기·
　Semi dry) … 1팩 분량 정도
올리브유 … 100ml

만들기

1 빈 병을 깨끗이 씻어서 물기를 뺀다.
2 버섯을 빈 병에 넣고 버섯이 잠길 정도로 올리브유를 부어서 반나절 정도 절인다. 냉장고에 넣으면 1달 정도 보관할 수 있다.
※ 파스타와 리소토의 재료로 사용하거나, 잘게 썰어서 소스 등에 넣을 수도 있다.

보관 방법 & 사용 방법　위에서 소개한 레시피대로 만든 절임은 보관할 때 공기가 들어가지 않도록 주의해야 한다. 국물이 줄어들면 더 만들어서 부어도 되고, 재료를 더 넣어도 괜찮다. 다 먹고 남은 국물은 드레싱이나 소스로 활용할 수 있다.

감자 · 고구마

감자와 고구마는 햇빛에 말리면 밀도가 높아져서
맛이 진해지고 쫀득쫀득한 식감이 생긴다.
감자와 고구마를 처음 말려본다면 튀김요리에 도전해 보자
생감자나 고구마 튀김과는 달리 색다른 맛을 느낄 수 있고,
적은 양의 기름으로도 바삭하게 튀겨진다.
또, 말린 감자를 볶아서 먹으면 아삭아삭한 식감에 푹 빠지게 될 것이다.
단, 말릴 때 검게 변색되므로 다른 채소보다 빨리 들여놓는 것이 좋다.

🍊 Semi dry_감자

말리는 방법
껍질을 벗겨서 용도에 맞게 썰고(깍둑썰기, 채썰기), 소쿠리에 펼쳐놓는다. 전체가 시들해지고 자른 면의 모서리가 둥글어질 때까지 말린다.

※ 표면이 검게 변하기 시작하면 바로 들여놓는 것이 좋다.

말리는 시간
햇빛에서 1~4시간

🍊 Semi dry_고구마

말리는 방법
고구마 양쪽 끝의 딱딱한 부분을 잘라내고, 껍질째 용도에 맞게 썬다(막대썰기). 소쿠리에 올려놓고 자른 면이 말라서 딱딱해지고, 살짝 갈색으로 변할 정도로 말린다.

말리는 시간
햇빛에서 2시간~반나절

세련되게 즐기기

감자와 안초비 볶음

프라이팬에 올리브유를 두르고 잘게 다진 안초비 2토막과 다진 마늘을 넣어서 볶다가, 채 썬 감자(Semi dry) 1개와 채 썬 빨강 파프리카 ⅙개를 넣고 익을 때까지 볶는다. 마지막으로 소금과 후추로 간을 맞춘다.

고구마말랭이

중간 크기의 고구마 2개를 준비해서 양쪽 끝의 딱딱한 부분은 잘라내고, 부드러워질 때까지 통째로 찐다. 다 익으면 식기 전에 껍질을 벗기고 결을 따라 1㎝ 두께로 썬다. 소쿠리에 올려놓고 가끔씩 뒤집으면서 갈색으로 변할 때까지 2~3일 정도 햇빛에서 말린다.

※ 가능하면 습기가 적고 건조한 겨울에 말리고, 밤이슬을 맞지 않도록 주의한다. 비가 올 때는 실내에서 말린다.

스패니시 오믈렛

찌듯이 구워서 감자의 달콤함이 up!
토마토케첩 없이 재료 고유의 맛을 즐겨보자.

재료(2인분)

감자(1cm 크기로 깍둑썰기 · Semi dry)
　　… 1개 분량
양파 … ½개
베이컨 … 30g
달걀 … 3개
물 … 4큰술
마요네즈 … 1큰술
올리브유 … 1큰술
소금, 후추 … 조금

만들기

1　양파는 1cm 크기로 깍둑썰기하고, 베이컨은 1cm 폭으로 썬다.
　볼에 달걀을 풀고 마요네즈, 소금, 후추로 간을 맞춘다.
2　프라이팬에 감자와 물을 넣고 뚜껑을 덮어서 익을 때까지 찌듯이 굽는데,
　중간에 물이 부족하면 조금 더 넣는다.
3　프라이팬에 물이 남아 있으면 따라 버리고 올리브유를 두른 다음,
　양파를 넣고 양파가 투명하게 익을 때까지 중간 불로 볶는다.
4　1의 달걀을 붓고 재빨리 섞어서 부드러운 스크램블 에그 상태로 만든다.
　그 상태로 더 이상 젓지 말고 뚜껑을 덮은 다음 약한 불에서 굽는데,
　양면이 노릇노릇하게 구워지도록 뒤집으면서 굽는다.

간단한 고구마 스틱

겉은 바삭바삭하고, 속은 따끈따끈한 스피드 간식!
소스 없이 그냥 먹어도 맛있다.

재료(2~3인분)
고구마(껍질째 두껍게 막대썰기 · Semi dry)
　　… 큰 것으로 1개 분량
메이플 시럽 … 적당량
시나몬 가루 … 적당량
튀김용 기름 … 적당량

만들기
1 프라이팬에 튀김용 기름을 넣고 160~170℃(기름은 적은 편이 좋다)로 가열한 다음 말린 고구마를 튀긴다.
2 고구마가 다 익으면 건져내서 기름기를 빼고 그릇에 담는다. 메이플 시럽과 시나몬 가루를 뿌린다.

우엉·연근·당근

뿌리채소는 수분이 적은 편이어서
채소를 처음 말리는 사람도 쉽게 말릴 수 있다.
게다가 껍질째 말리면 흙내음이 살아나고,
깊고 진한 감칠맛이 생긴다.
오래 보관하려면 물기 없이 바싹 말리는 것이 좋지만,
이렇게 하면 물에 불려도 부드러워지지 않기 때문에
조림용보다는 바삭하게 튀겨서 고명으로 사용하는 것이 좋다.

❂ Semi dry_우엉·연근·당근

말리는 방법
우엉과 연근은 껍질째, 당근은 껍질을 벗겨서 용도에 맞게 썬다(어슷썰기, 마구썰기, 채썰기). 소쿠리에 가지런히 올려놓고 자른 면이 마를 때까지 말린다.

말리는 시간
햇빛에서 1시간~반나절

❂ Dry_우엉, 연근

말리는 방법
껍질째 용도에 맞게 썬다(어슷썰기, 둥글게썰기, 마구썰기). 소쿠리에 가지런히 올려놓고, 수분이 완전히 없어질 때까지 바싹 말린다.
※ 그대로 낮은 온도의 기름에 튀겨서 고명으로 사용하면 좋다.

말리는 시간
햇빛에서 1~2일

❂ 여러 가지 방법으로 말리기

말리는 방법
당근을 껍질째 채 썰어서 햇빛에 살짝 말리면 삶지 않고 그대로 나물이나 샐러드에 넣을 수 있다.
잘게 다져서 말린 우엉과 연근, 당근은 양념을 해서 밑반찬으로 먹어도 좋다.

말리는 시간
햇빛에서 1~2시간

세련되게 즐기기

당근 나물

껍질째 채 썬 당근(Semi dry)을 볼에 넣고, 소금과 후추, 식초, 참기름을 조금씩 넣어서 무친다.

뿌리채소 된장 무침

잘게 썬 우엉과 당근, 연근(모두 Semi dry)을 준비한다. 냄비에 식용유를 두르고 달군 다음 우엉, 당근, 연근과 다진 생강이나 다진 마늘을 함께 넣어 볶는다. 된장과 맛술을 1:1로 섞어서 냄비에 넣고 조린 다음, 호박씨 등의 견과류를 굵게 갈아서 뿌린다.

우엉과 연근 튀김을 얹은 찌라시 초밥

얇게 썰어서 살짝 말린 뿌리채소를 그대로 튀기면
고소함과 바삭함이 더해진다.

재료(2인분)

우엉(껍질째 어슷썰기 · Semi dry)
　　　… 1/10개 분량
연근(껍질째 둥글게썰기 · Semi dry)
　　　… 중간 크기로 1/2마디 분량
소금 … 적당량
튀김용 기름 … 적당량

| 알 고 명 |
달걀 … 1개
설탕 … 1작은술
맛간장 … 1작은술

| 초 밥 용 　밥 |
밥 … 2공기 분량
A ┌ 식초 … 1큰술
　├ 설탕 … 2작은술
　└ 소금 … 1/3작은술
흰깨 … 1큰술

만들기

1 [알고명] 알고명의 재료를 모두 섞어서 프라이팬에 얇게 부쳐낸다. 식은 후 곱게 채 썬다.

2 [초밥용 밥] A를 모두 섞은 다음, 뜨거운 밥에 넣고 섞어서 초밥용 밥을 만든다. 흰깨를 뿌려서 그릇에 담고 알고명을 올린다.

3 말린 우엉과 연근은 170℃ 기름에 튀긴 다음, 소금을 조금 뿌려서 2의 밥 위에 올린다.

뿌리채소와 돼지고기 조림

아삭아삭! 쫄깃쫄깃
뿌리채소의 식감이 살아 있다.
밥도둑이 따로 없는 매콤 달콤한 조림.

재료(2인분)

우엉(껍질째 어슷썰기 · Semi dry) … ⅓개 분량
당근(껍질 벗기고 어슷썰기 · Semi dry) … 작은 것 1개 분량
연근(껍질째 반달썰기 · Semi dry) … 작은 것 1마디 분량
물 … 3~4큰술
돼지고기(구이용) … 100g
A ┌ 청주, 간장, 설탕, 맛술 … 각 1큰술
　└ 생강 간 것 … 조금
참기름 … 1큰술
소금, 후추 … 조금

만들기

1 돼지고기는 한입 크기로 썰어서 소금과 후추로 밑간을 한다.
2 프라이팬에 참기름을 두르고 달군 다음,
　우엉, 당근, 연근을 넣어서 중간 불로 볶는다.
3 물을 넣고 뚜껑을 덮어서 조린다.
4 채소가 다 익으면 돼지고기를 넣고,
　돼지고기가 익기 시작하면 A를 넣어 골고루 잘 섞는다.
　윤기가 돌면 불을 끈다.

당근 마리네

소금에 절여서 수분을 뺀 것과는 또 다른,
독특한 식감과 단맛을 느낄 수 있다.

재료(2인분)

당근(껍질 벗기고 골패쪽썰기
　　Semi dry) … ½개 분량
건포도 … 1작은술
호두 … 1작은술
코티지 치즈 … 1작은술

A ─┬─ 꿀 … 1큰술
　 ├─ 레몬즙 … 1큰술
　 ├─ 올리브유 … 1큰술
　 ├─ 머스터드 … 조금
　 └─ 소금, 후추 … 조금

※ 생호두는 프라이팬에 기름 없이
　 살짝 볶아서 사용한다.

만들기

1. 볼에 A를 넣고 골고루 섞어서
　 마리네 소스를 만든다.
　 건포도와 호두는 굵게 다진다.
2. 마리네 소스에 당근을 넣고
　 30분 정도 재운다.
　 당근 위에 건포도와 호두, 치즈를 뿌린다.

연근 떡

쫄깃쫄깃! 바삭바삭!
연근의 맛있는 식감을 고스란히 담은 맛있는 떡.

재료(2인분)

연근(껍질째 얇고 둥글게썰기 · Semi dry)
　… 작은 것으로 ½마디 분량
생연근 … 150g
밀가루 … 4큰술
소금 … 조금
식용유 … 적당량
생강 간 것 … 적당량
고추냉이 … 적당량
간장 … 적당량

만들기

1 생연근은 껍질째 갈아서 소금, 밀가루를 넣고 섞은 다음, 작고 평평한 원모양으로 빚는다.
2 1에 밀가루(분량 외)를 살짝 묻히고, 둥글게 썰어서 말린 연근을 1장씩 붙인다.
3 식용유를 두른 프라이팬을 달구어 2를 올린 다음, 중간 불에서 노릇노릇해질 때까지 굽는다.
생강 또는 고추냉이를 섞은 간장 소스에 찍어 먹는다.

배추·양배추

잎채소는 다른 채소에 비해 말리는 시간이 짧다.
잘게 자르면 너무 말라버려서 살짝 햇빛을 쬐는 정도로만 말려야 한다.
잎채소를 말리면 부피가 줄어들어 먹기 편하고,
소금에 절여서 수분을 빼는 밑손질이 필요 없어서
간편하게 요리할 수 있다.

🌀 Semi dry_양배추

말리는 방법

크게 잘라서 말리기 :
세로 4~8등분해서 소쿠리에 올려놓고, 자른 면이 조금 마를 때까지 말린다.

작게 잘라서 말리기 :
심을 잘라내고 채 썰거나 한입 크기로 썰어서 소쿠리에 올린다. 표면이 말라서 전체적으로 시들해질 때까지 말린다.

말리는 시간

크게 잘라서 말리기 … 햇빛에서 1~2시간
작게 잘라서 말리기 … 햇빛에서 15~30분

🌀 Semi dry_배추

말리는 방법

크게 잘라서 말리기 :
세로 6~8등분해서 소쿠리에 올려놓고, 자른 면이 조금 마를 때까지 말린다.

작게 잘라서 말리기 :
밑동의 단단한 부분은 얄팍하게 썰고, 이파리는 숭덩숭덩 썬다. 소쿠리에 올려놓고 표면이 말라서 전체적으로 시들해질 때까지 말린다.

말리는 시간

크게 잘라서 말리기 … 햇빛에서 1~2시간
작게 잘라서 말리기 … 햇빛에서 15~30분

세련되게 즐기기

배추 절임

배추(Semi dry) ¼포기를 큼직하게 숭덩숭덩 썬다. 누름돌을 올릴 수 있는 용기에 배추껍질, 소금, 다시마, 홍고추(둥글게썰기), 배추 순으로 3~4층 정도 쌓는다. 용기 안에 쏙 들어가는 뚜껑을 덮고 그 위에 누름돌을 올린다. 물이 생길 때까지 1~2일 정도 서늘하고 그늘진 곳에 둔다. 하루 정도 지나도 물기가 생기지 않으면 더 무거운 누름돌로 바꾸거나, 물 100ml에 소금 1작은술을 녹여서 붓는다.

※ 소금은 배추 무게의 3%, 1x3cm 크기의 다시마는 4~5장, 홍고추는 1자밤 정도 준비한다.

코울슬로

양배추(Semi dry) ¼개를 굵게 채 썰어서 소금과 후추 조금, 머스터드 ½작은술, 설탕 1작은술, 식용유 2큰술, 레몬즙 1큰술을 섞어서 넣고 버무린다.

배추와 목이를 곁들인 볶음 국수

배추를 볶은 다음 살짝 끓여서
국물에 배추의 감칠맛이 우러나게 만드는 것이 비결!

재료(2인분)

배추(8등분 · Semi dry) … 1/8포기

말린 목이 … 4개

물 … 1컵

라면(또는 메밀면, 우동면 / 삶은 것) … 2사리

굴소스 … 2큰술

소금, 후추 … 조금

참기름 … 적당량

녹말가루(물에 푼 것) … 적당량

만들기

1 배추는 한입 크기로 썰고, 목이는 미지근한 물에 불려서 깨끗이 씻은 다음 밑동을 잘라내고 한입 크기로 썬다.

2 냄비에 참기름 1큰술을 두르고 가열한 다음, 배추의 단단한 부분과 목이를 넣고 중간 불로 볶는다. 물을 넣고 배추가 부드러워질 때까지 끓이고 이파리도 넣는다.

3 굴소스를 넣어서 골고루 잘 섞은 다음 소금과 후추로 간을 맞춘다. 물에 푼 녹말가루를 넣어서 걸쭉하게 만든다.

4 다른 프라이팬에 참기름을 살짝 두르고 면을 풀어서 넣는다. 주걱으로 살짝 누르면서 노릇노릇하고 바삭하게 굽는다.

5 4를 그릇에 담고 3을 올린다.

스파이스 버터를 뿌린 양배추 찜

양배추를 찌면 고유의 단맛이 잘 살아난다.
스파이스 버터는 육두구나 올스파이스로 만들어도 맛있다.

재료(2인분)

양배추(8등분 · Semi dry) … 4개
방울다다기양배추(세로 2등분 · Semi dry) … 4개 분량
버터 … 2큰술
캐러웨이 씨 … 소량
소금, 후추 … 조금

만들기

1 김이 나는 찜통에 양배추와 방울다다기양배추를 넣고 3~4분 정도 찐다.
2 작은 냄비에 버터, 캐러웨이 씨, 소금, 후추를 넣고 향이 날 때까지 약한 불로 볶는다.
3 1을 그릇에 담고 2를 뿌린다.

버섯

버섯은 종류에 상관없이 햇빛에 살짝 말리면 씹는 맛이 살아난다.
볶음이나 조림 요리에 넣으면 양념이 잘 배어들고,
버섯 고유의 맛이 우러나와 요리에 감칠맛을 더해준다.
시간이 없을 때는 자르지 않고 통째로 말려도 좋다.

✦ Semi dry _ 만가닥버섯 · 팽이버섯 · 잎새버섯

> 먹기 좋은 크기로 나눠서 말린다!

말리는 방법
밑동을 자르고 먹기 좋은 크기로 나눈다. 소쿠리에 가지런히 올려놓고 표면이 마를 때까지 말린다.

말리는 시간
햇빛에서 1~2시간

✦ Semi dry _ 표고 · 새송이버섯 · 잎새버섯

> 얇게 썰어서 말린다!

말리는 방법
용도에 맞게 썰어서(얄팍썰기) 겹치지 않도록 소쿠리에 가지런히 올려놓고, 표면이 살짝 마를 때까지 말린다.

※ 양송이도 같은 방법으로 말린다.
※ 시간이 없을 때는 자르지 않고 통째로 말려도 좋다. 그럴 경우 표고는 갓 안쪽이 위를 향하게 놓고 말린다.

말리는 시간
햇빛에서 1~2시간

✦ Dry _ 표고(말린 표고)

말리는 방법
갓 안쪽이 위를 향하도록 소쿠리에 올려놓고 말린다. 안쪽이 완전히 마르면 뒤집어서 말린다. 갓에 주름이 생기고, 손으로 쉽게 자를 수 있을 정도로 바싹 말린다.

※ 시중에서 판매하는 말린 표고도 사용하기 전에 햇빛에 살짝 말리면 향이 살아난다.

말리는 시간
햇빛에서 2~3일

불리는 방법
미지근한 물에 15~30분 정도 담가서 불린다. 불리는 데 사용한 물은 맛국물로 사용할 수 있다.

┆ 세련되게 즐기기 ┆

버섯 조림

좋아하는 버섯(Semi dry)을 2~3팩 정도 준비해서 버섯이 잠길 정도의 미지근한 물에 넣고 불린다. 버섯이 충분히 불었으면 불린 물과 버섯을 모두 냄비에 넣고, 간장과 맛술을 각각 1큰술씩 넣은 다음, 냄비 안에 쏙 들어가는 뚜껑을 덮고 국물이 졸아들 때까지 조린다.

버섯과 연어를 넣은 두유크림 리소토

진한 맛의 잎새버섯과 씹는 맛이 좋은 새송이버섯으로 만든 리소토.
취향에 따라 다른 버섯을 사용해도 맛있는 리소토를 만들 수 있다.

재료(2인분)

- 새송이버섯(한입 크기로 얄팍썰기 · Semi dry)
  … 중간 크기 1개 분량
- 잎새버섯(먹기 좋은 크기로 작게 나누기 · Semi dry)
  … ½팩 분량
- 미지근한 물 … 4컵
- 생연어 … 1토막
- 쌀 … 1 ½컵
- 두유 … 100ml
- 소금, 후추 … 조금
- 올리브유 … 적당량
- 파르메산 치즈 … 적당량

만들기

1 버섯은 미지근한 물(4컵)에 담가서 불린다.
  연어는 한입 크기로 잘라서 소금과 후추로 밑간을 한다.
2 프라이팬에 올리브유 1큰술을 두르고 쌀을 넣은 다음,
  쌀과 올리브유가 잘 섞일 때까지 살짝 볶는다.
3 버섯과 불린 물을 모두 2에 넣고 소금과 후추로 간을 맞춘다.
  프라이팬에 알루미늄 포일을 살짝 덮고
  쌀이 부드러워질 때까지 약한 중간 불로 끓이다가,
  쌀이 어느 정도 익으면 두유를 넣고 잘 섞는다.
  중간에 수분이 부족하면 뜨거운 물을 더 넣는다.
4 다른 프라이팬에 올리브유를 살짝 두르고 달군 다음,
  연어를 넣고 표면이 바삭해질 때까지 굽는다.
5 3과 4를 그릇에 담고 파르메산 치즈를 뿌린다.

버섯 당면 볶음

표고의 구수한 육수가
당면에 깊이 배어들어서
잊을 수 없는 맛을 선사한다.

재료(2인분)

표고(얄팍썰기 · Semi dry) … 4개 분량
숙주나물 … 1팩
부추 … ¼단
당면 … 30g
돼지고기 간 것 … 50g
소금, 후추 … 조금
간장 … ½작은술
설탕 … 1작은술
참기름 … 1큰술

만들기

1 표고와 당면은 미지근한 물에 함께 넣고 불린다. 부추는 4~5cm 길이로 썬다.
2 프라이팬에 참기름을 두르고 뜨겁게 달군 다음,
   돼지고기 간 것을 넣고 소금을 뿌려서 갈색으로 익을 때까지 볶는다.
   숙주나물과 당면을 넣고 전체적으로 기름과 잘 섞일 때까지 볶다가
   표고를 넣고, 설탕, 소금, 후추로 간을 맞춘다.
3 재료에 맛이 골고루 배어들면 부추와 간장을 넣고 살짝 더 볶는다.

허브 · 향채소

조금만 사도 남아서 버리기 일쑤인 허브와 향채소.
이런 허브와 향채소도 햇빛에 말리면
오랫동안 보관할 수 있고, 쓰임새도 다양해진다.
드라이 상태로 바싹 말려 조림이나 소스에 넣기도 하고,
요리의 향을 낼 때 사용하는 등 여러 가지로 유용하다.

왼쪽부터 시계방향으로 로즈메리, 차즈기, 파슬리, 바질, 타임

⚙ Dry_허브

말리는 방법
자르지 않고 그대로 소쿠리에 겹치지 않도록 가지런히 올려놓는다. 수분이 완전히 말라서 손으로 잘게 부술 수 있을 때까지 말린다.
※ 바람에 날아가기 쉬우므로 주의한다.

말리는 시간
햇빛에서 2~3일

⚙ Semi dry_ 생강 · 마늘

말리는 방법
생강은 껍질째, 마늘은 껍질을 벗겨서 얇게 저민다. 소쿠리에 올려놓고, 자른 면이 말라서 하얗게 변할 때까지 말린다.

말리는 시간
햇빛에서 반나절 정도

⚙ Dry_ 생강 · 마늘

말리는 방법
생강은 껍질째, 마늘은 껍질을 벗겨서 얇게 저민다. 소쿠리에 가지런히 올려놓고 수분이 완전히 마를 때까지 말린다.
※ 마늘 심은 말리는 동안 자연스럽게 떨어진다.

말리는 시간
햇빛에서 2~3일

드라이 허브 비네거

고기와 생선을 산뜻하게 즐기고 싶을 때 좋고,
튀김에 뿌리거나 드레싱으로 곁들여도 좋다.

재료
로즈메리(Dry) ⋯ ½줄기
월계수 잎(Dry) ⋯ 1장
홍고추 ⋯ 1개
사과식초 ⋯ 100ml
소금, 후추 ⋯ 조금

만들기
그릇이나 빈 병 등에 모든 재료를 넣는다.
1시간 정도 지나면 먹을 수 있다.

향미 간장

혀를 자극하는 마늘과 생강의 매콤함이 부드러운 맛으로 변신!
코끝에 맴도는 쌉싸래한 향은 더 진해진다.

재료
생강(얄팍썰기·Dry) ⋯ 10조각
마늘(얄팍썰기·Dry) ⋯ 10조각
간장 ⋯ 100ml

만들기
그릇이나 빈 병 등에 모든 재료를 넣는다.
1시간 정도 지나면 먹을 수 있다.

드라이 허브 드레싱

허브는 바싹 말린 드라이 허브를 사용한다.
수제 허브 드레싱만의 풍미를 느껴보자!

재료
바질(Dry) ⋯ 4~5장
타임(Dry) ⋯ 1줄기
레몬(둥글게썰기·Semi dry) ⋯ 1조각
소금, 후추 ⋯ 조금
쌀식초 ⋯ 2큰술
올리브유 ⋯ 3큰술
※ 레몬 말리는 방법은 P.86 참조.

만들기
그릇이나 빈 병 등에 모든 재료를 넣는다.
1시간 정도 지나면 먹을 수 있다.

Column 04

맛이 어울리는 종류끼리 용도별 세트 만들기

수분을 완전히 없애버린 말린 채소나 과일은 오랫동안 보관할 수 있다.
맛이 잘 어울리는 종류끼리 모아서 용도별 세트를 만들어 놓으면 요리할 때 사용하기 편리하다.

뿌리는 양념 세트
향신료 세트
뮤즐리 세트
토핑 세트

뿌리는 양념 세트
차즈기 잎(드라이)과 잔멸치, 흰깨 등을 섞어서 빈 병에 넣는다. 밥에 뿌려서 비벼 먹거나 주먹밥에 넣어도 맛있다.

뮤즐리(시리얼) 세트
드라이 상태로 바싹 말린 딸기와 바나나, 사과, 블루베리, 키위 등을 빈 병에 넣는다. 취향에 따라 견과류를 함께 넣어도 좋다. 콘플레이크나 요구르트에 섞어서 먹으면 맛있다.

향신료 세트
파슬리, 셀러리의 잎을 드라이 상태로 말려서 빈 병에 넣는다. 서양식 조림요리의 향을 내는 데 사용하거나 토마토소스 등에 넣어도 좋다. 잘게 다져서 수프에 뿌려 먹어도 맛있다.

토핑 세트
드라이 상태로 말린 우엉과 연근, 마늘 등을 빈 병에 넣는다. 식감을 즐기고 싶거나, 요리에 고소한 맛을 더하고 싶을 때 약간의 기름을 넣고 살짝 튀겨서 토핑으로 사용하면 좋다. 볶음밥이나 우동, 샐러드 등에 넣으면 맛있다.

Part 3

과일을 말린다

제철을 맞은 맛있는 과일을 싼 가격으로 많이 살 수 있을 때나,
한 번에 다 먹지 못하고 남은 과일이 있을 때는 한번 말려보자.
말린 과일은 오래 보관할 수 있고,
그대로 간식으로 먹어도 좋다.
당도가 높은 과일은 그대로 먹는 것이 좋고,
단맛이 부족하거나 신맛이 강한 과일은
햇빛에 말리면 훨씬 맛있게 먹을 수 있다.

사과 · 감

사과와 감은 수분이 적고 과육도 적당히 단단하기 때문에
초보자라도 쉽게 말릴 수 있는 과일이다.
다 먹지 못하고 남았을 때 꼭 한번 말려보자.
간식은 물론, 카레에 넣거나 고기와 함께 조려도 맛있다.

❈ Semi dry_사과

말리는 방법
심 부분을 빼고 용도에 맞게 썰어서(둥글게 썰기, 한입썰기), 소쿠리에 올려놓는다. 자른 면이 말라서 엷은 갈색을 띠고, 껍질에 주름이 생길 때까지 말린다.

말리는 시간
햇빛에서 1~2일

❈ Semi dry_감

말리는 방법
껍질을 벗겨서 4등분하고 씨를 뺀 다음, 얇게 썬다. 소쿠리에 늘어놓고 수분이 빠져서 종이처럼 얇아질 때까지 말린다.

말리는 시간
햇빛에서 1~2일

사과와 고구마로 만든 트라이플

찰떡궁합을 자랑하는 사과와 고구마를
층층이 쌓아올리기만 하면 되는 간단한 디저트!

재료(2인분)

사과(껍질째 깍둑썰기 · Semi dry) … ¼개 분량
고구마(1cm 두께 둥글게썰기) … 4조각
스펀지케이크(시판제품) … 적당량
생크림 … 100ml
설탕 … 1~2작은술
바닐라 에센스 … 조금
시나몬 가루 … 적당량
민트잎(있을 경우) … 적당량

※ 트라이플_케이크와 과일, 크림 등을 층층이 쌓아서 만드는 영국식 디저트.

만들기

1. 고구마는 쪄서 한입 크기로 작게 자른다. 스펀지케이크도 한입 크기로 자른다.
2. 생크림에 설탕과 바닐라 에센스를 넣고 거품기로 저어서, 거품기를 들면 크림이 뚝뚝 떨어지는 정도로 휘핑한다.
3. 그릇에 스펀지케이크와 사과, 고구마, 휘핑크림을 층층이 쌓은 다음, 시나몬 가루를 뿌리고 민트잎으로 장식한다.

※ 스펀지케이크가 없으면 핫케이크로 대신해도 좋다. 시중에서 판매하는 핫케이크 가루를 반죽해서 구운 다음 식혀서 사용한다.

미니 감 파이

노릇노릇하게 구운 감은 어떤 맛일까?
아마 대부분 처음 먹어보는 맛일 거다.
살짝 탄 감도 바삭하니 맛있다.

재료(6개 분량)

감(껍질 벗기고 얄팍썰기 · Semi dry) … 6조각
냉동 파이시트(15×12㎝) … 1장

만들기

1 파이시트를 6등분하고, 감을 1조각씩 올린다.
 밀대를 이용해서 위에서 누르듯이 가능한 한 얇게 편다.
2 오븐팬에 종이포일을 깔고 파이를 얹은 다음,
 200℃로 예열한 오븐에 넣어서 파이가 부풀어 오르고 노릇노릇해질 때까지
 8~10분 정도 굽는다.

사과 베이글 샌드

말린 사과와 땅콩버터의 절묘한 만남!
도넛모양의 사과와 베이글,
모양도 비슷해서 서로 잘 어울린다.

재료(2인분)
사과(심 부분 빼고 둥글게썰기 · Semi dry)
　　… 약 1개 분량
땅콩버터 … 적당량
베이글 … 2개

만들기
베이글을 반으로 갈라서 땅콩버터를 골고루 바르고, 말린 사과를 얹는다.

바나나 · 키위 · 망고

키위를 말리면 '톡' 쏘는 신맛이 부드러워지고
망고는 달콤한 향이 더욱 진해져서 따뜻한 홍차를 붓기만 하면
달콤한 과일 홍차를 즐길 수 있다.
덜 익고 단단한 것을 골라야 자르기 쉽고 말리기도 쉽다.
그대로 간식으로 먹거나 디저트, 샐러드에 넣어도 좋다.

❊ Dry_키위 · 망고 · 바나나

말리는 방법
키위, 망고 :
껍질을 벗기고 얇게 썰어서 소쿠리 등에 가지런히 올린 다음, 표면이 말라서 주름이 생길 때까지 말린다.

바나나 :
껍질을 벗겨서 얇고 둥글게 썬 다음, 소쿠리 등에 가지런히 올려놓는다. 표면이 검게 변하거나 자른 면이 살짝 오그라들 때까지 말린다(매우 촉촉한 상태).

말리는 시간
키위, 망고 … 햇빛에서 반나절~2일
바나나 … 햇빛에서 반나절~1일

❊ Semi dry_키위

말리는 방법
껍질을 벗겨 5mm 두께로 은행잎썰기를 하고, 소쿠리에 펼쳐서 표면이 살짝 마를 때까지 말린다.

말리는 시간
햇빛에서 반나절

재료(2인분)

키위(은행잎썰기 · Semi dry) … 골드 키위와
    그린 키위 각 1개 분량
사워크림(또는 물기 뺀 요구르트) … 100g
꿀 … 1~2큰술
빵 또는 크래커(취향에 따라) … 적당량

만들기

볼에 사워크림과 꿀을 넣고 잘 섞는데, 꿀의 양은 맛을 보면서 조절한다.
말린 키위를 넣고 섞은 다음 취향에 따라 빵이나 크래커에 발라서 먹는다.

키위 허니 딥

키위를 햇빛에 살짝 말리면 색깔이 선명해진다.
골드 키위와 그린 키위를 섞어서 사용하면
보기에도 예쁘다.

바나나 브라우니

바나나와 초콜릿의 환상적인 만남!
달콤함과 쫄깃함을 동시에 즐길 수 있다.

재료(15×15cm 네모난 빵틀 1개 분량)

- 바나나(둥글게썰기·Dry) … 2개 분량
- 박력분 … 80g
- 베이킹파우더 … ½작은술
- 소금 … 조금
- 초콜릿 … 100g
- 무염 버터 … 80g
- 식용유 … 2큰술
- 달걀 … 1개
- 설탕 … 60g
- 호두 … 20g

※ 생호두는 기름 없이 프라이팬에 살짝 볶아서 사용한다.

만들기

1. 박력분과 베이킹파우더, 소금을 잘 섞어서 체에 내리고, 호두는 굵게 간다.
2. 볼에 초콜릿과 버터, 식용유를 넣고 뜨거운 물로 중탕해서 녹인다. 녹으면 볼을 꺼낸다.
3. 다른 볼에 달걀과 설탕을 넣고 설탕이 녹을 때까지 거품기로 잘 섞은 다음, 2의 볼에 넣고 다시 섞는다.
4. 호두와 바나나(준비한 양의 반 정도)를 넣고 실리콘 주걱으로 잘 섞는다. 1에서 체에 내린 박력분과 베이킹파우더, 소금을 넣고 재빨리 섞는다.
5. 준비한 빵틀에 종이포일을 깔고 4의 재료를 천천히 붓는다. 남은 바나나를 올리고 180℃로 예열한 오븐에서 30분 정도 굽는다.
6. 잘 구워진 브라우니를 빵틀에서 꺼내어 충분히 식힌 다음, 먹기 좋은 크기로 자른다.

키위, 망고 과일 홍차

찻잔에 홍차를 붓는 순간, 달콤한 향기에 빠져든다.
차를 마신 다음, 남은 과일도 먹을 수 있다.

재료(2~3인분)
키위(둥글게썰기 · Dry) … ½개 분량
망고(얄팍썰기 · Dry) … ⅒개 분량
서양배(얇게 빗모양썰기 · Dry) … ¼개 분량
좋아하는 홍차 … 적당량

만들기
찻잔에 자신이 좋아하는 말린 과일을 넣고 뜨거운 홍차를 붓는다.

딸기·블루베리

단맛이 부족하거나 신맛이 강해서 그대로 먹기 힘든 과일일수록
말리기도 쉽고, 말리면 더 맛있어지는 매력적인 신기함!
자르지 않고 통째로 말려도 되지만 자르면 더 빨리 마른다.

❊ Semi dry_딸기·블루베리

말리는 방법
딸기는 용도에 맞게 썰고(세로 2등분 또는 4등분), 블루베리는 세로 2등분해서 소쿠리에 가지런히 올려놓는다. 전체적으로 시들해지고 껍질에 주름이 생길 때까지 말린다.

말리는 시간
햇빛에서 반나절

❊ Dry_딸기·블루베리

말리는 방법
딸기는 용도에 맞게 썰고(세로 2등분 또는 4등분), 블루베리는 세로 2등분해서 소쿠리에 가지런히 올려놓는다. 수분이 완전히 말라서 손으로 집었을 때 가볍고, 바싹 마른 감촉이 될 때까지 말린다.

말리는 시간
햇빛에서 2~3일

※ 살짝 말린(Semi dry) 상태의 딸기를 끓이지 않고 으깨기만 해도 간단하게 잼을 만들 수 있다. 입맛에 따라 꿀을 넣어서 단맛을 조절하면 끓여서 만든 잼보다 신선한 맛과 향을 즐길 수 있다.

스트로베리 소다

Semi dry 상태로 말린 딸기를 으깨서 만든 잼을
탄산수에 넣고 잘 섞으면
딸기의 상큼한 맛과 색을 함께 즐길 수 있는
맛있는 음료가 된다.

재료(2인분)
딸기(세로 2등분 · Semi dry) … ½팩 분량
탄산수(설탕이 첨가된 것) … 2컵 분량
※ 취향에 따라 레몬즙 또는 럼주를 넣어도 맛있다.

만들기
1 볼에 딸기를 넣고 매셔 등의 도구를 이용하여 으깬다.
2 컵에 1을 넣고 탄산수를 부어서 잘 섞는다.

베리베리 아이스크림

베리와 견과류, 쿠키를 듬뿍 넣은
수제 이탈리안 아이스크림.

재료(3~4인분)
- 딸기(세로 2등분 · Dry) … 10개 분량
- 블루베리(Dry) … 20알
- 바닐라 아이스크림 … 2컵
- 견과류(취향에 따라) … 2큰술
- 쿠키(취향에 따라) … 4개

만들기
1 볼에 아이스크림을 넣고 주걱으로 살짝 이겨서 부드럽게 만든다.
2 부드러워진 아이스크림에 딸기, 블루베리, 견과류를 넣고 잘 섞는다.
3 모양틀이나 냉동실에 넣을 수 있는 용기에 2의 절반을 붓고,
 쿠키를 손으로 부숴서 골고루 뿌린다.
 2의 나머지 분량을 붓고 랩을 씌운 다음, 냉동실에 넣어서 굳힌다.
 먹기 조금 전에 상온에 꺼내놓으면 부드러워져서 먹기 편하다.

블루베리 경단

블루베리의 은은한 향이
부드러운 팥과 잘 어우러지는 달콤한 디저트.

재료(3~4인분)

블루베리(세로 2등분 · Semi dry) … 15~20알 정도
찹쌀가루 … 50g
물 … 약 40ml
팥(설탕을 넣고 졸인 것, 또는 통조림도 가능) … 2큰술

만들기

1 볼에 블루베리와 찹쌀가루를 넣고 손으로 블루베리를 으깨면서 잘 섞는다.
2 뜨거운 물로 익반죽을 해서 둥글게 빚는다.
3 빚은 것을 끓는 물에 넣고 삶은 다음 건져내고, 얼음물에 식혀서 물기를 뺀다.
4 단팥과 함께 그릇에 보기 좋게 담는다.

귤·레몬·유자

자른 단면이 귀엽고 예쁜 감귤류.
말린 귤과 레몬은 껍질째 바삭하게 먹을 수 있으며,
말린 귤의 과육은 당분이 응축되어서 사탕처럼 달콤하다.
레몬과 유자는 과즙을 짜서 쓰고 껍질만 말리면 오래 보관할 수 있다.
음료수나 요리에 향을 더할 때 활용하면 좋다.

❃ Dry_귤·레몬·유자

말리는 방법
껍질째 얇고 둥글게 썰고, 소쿠리에 가지런히 올려놓는다. 껍질이 바싹 마르고, 과육 부분이 살짝 투명해질 때까지 말린다.

말리는 시간
햇빛에서 1~2일

❃ Dry_껍질

말리는 방법
용도에 맞게 잘라서 사진처럼 말린다.

말리는 시간
햇빛에서 1~2일

재료(3~4인분)

귤(껍질째 둥글게썰기 · Dry) … 1개 분량
레몬(껍질째 둥글게썰기 · Dry) … ½개 분량
제과용 비터 초콜릿 … 약 40g
제과용 화이트 초콜릿 … 약 40g

만들기

1 내열그릇에 비터 초콜릿을 넣고 중탕으로 녹인 다음, 귤의 반쪽에만 초콜릿을 묻힌다(초콜릿이 반원 모양으로 보이게).
2 1과 같은 방법으로 중탕하여 녹인 화이트 초콜릿에 레몬을 담갔다가 뺀다.
3 기름종이 또는 랩을 깐 접시에 올려서 냉장고에 넣고 차갑게 굳힌다.

귤, 레몬 필초콜릿

그냥 먹어도 맛있는 말린 귤과 레몬에 초콜릿의 달콤함을 더했다.
냉장고에 넣고 차갑게 식혀서 먹으면 맛있다.

레몬 머핀

잘게 다진 레몬을 넣고 만든 머핀 위에 슬라이스 레몬을 얹어서 장식.
노릇노릇 구워진 부분은 캐러멜처럼 달콤하다.

재료(8개 분량)

- 레몬(껍질째 둥글게썰기·Dry)
  … 1개 분량
- 버터 … 60g
- 설탕 … 60g
- 우유 … 150ml
- 바닐라 에센스 … 조금
- 박력분 … 200g
- 베이킹파우더 … 1작은술
- 소금 … 1자밤

만들기

1. 둥글게 썬 레몬 중에서 8조각은 장식용으로 남겨놓고, 나머지는 잘게 다진다.
   박력분과 베이킹파우더, 소금은 잘 섞어서 체에 내려둔다.
2. 작은 냄비에 버터, 설탕, 우유를 넣고 36~37℃ 정도로 데운다.
   버터와 설탕이 녹으면 다진 레몬과 바닐라 에센스를 넣고 잘 섞은 다음, 불을 끄고 식힌다.
3. 1에서 체에 내린 가루에 2를 넣고 실리콘 주걱으로 자르듯이 섞는다.
4. 머핀 틀에 3을 균일하게 부은 다음, 물에 살짝 적신 장식용 레몬을 1장씩 올린다.
5. 180℃로 예열한 오븐에 넣고 20~25분 정도 굽는다.
   장식한 레몬이 살짝 타더라도 향긋한 냄새가 나서 맛있게 먹을 수 있다.

유자와 영귤로 만든 문그리아

화이트 와인으로 은은하게 빛나는 달을 표현한 투명한 칵테일.
붉게 타오르는 태양 같은 '샹그리아'보다 산뜻하다.

재료(2잔 분량)
유자 껍질(채썰기·Dry) … 1/8개 분량
영귤(껍질째 둥글게썰기·Dry) … 2장
화이트 와인 … 2잔 분량

만들기
재료를 모두 섞어서 냉장고에 넣고,
1~2시간 정도 차갑게 식힌다.

Column 05

어패류 말리기의 기본

채소와 과일 말리기에 익숙해졌다면 이제 어패류 말리기에 도전해보자. 여기서는 전갱이와 가리비, 멸치 말리는 방법을 소개한다. 어패류도 어렵지 않으므로 꼭 한 번 말려보기 바란다.

말리기 전 준비

어패류는 말리기 전에 반드시 소금을 뿌려서 수분을 빼야 한다. 이때 소금의 양은 어패류 무게의 1% 정도가 적당하다. 소금을 뿌린 다음 잠시 놓아두면 수분이 빠져나오므로 키친타월로 잘 닦아낸다.

말릴 때 주의할 점

대나무 소쿠리에 어패류를 그대로 올려놓으면 비린내가 배기 때문에, 어패류를 말릴 때는 냄새가 잘 배지 않는 스테인리스 소쿠리나 망을 사용하는 것이 좋다. 새나 고양이의 접근을 피하기 위해서는 바람이 잘 통하는 성긴 소쿠리를 위에 덮어놓거나, 시중에서 판매하는 식품 건조망을 사용하면 안심하고 말릴 수 있다. 식품 건조망도 냄새가 배기 때문에 직접 닿지 않도록 스테인리스 소쿠리 등에 생선을 담아서 식품 건조망에 넣는 것이 좋다. 바깥에서 말릴 수 없을 때는 냉장고에 넣고 말릴 수도 있다.

말린 전갱이

말린 전갱이를 그릴에 노릇노릇 구워서
곱게 간 무를 곁들여 먹으면 맛있다.

말리는 방법
등을 갈라서 전갱이 무게의 1% 정도 되는 소금을 뿌린 다음, 잠시 그대로 둔다. 수분이 빠져나오면 키친타월로 닦아내고 소쿠리에 올려서, 앞뒤로 뒤집으면서 표면이 마를 때까지 말린다.

※ 크기가 작은 전갱이는 전갱이 무게의 3% 정도 되는 소금을 녹인 물에 1시간 정도 담근 다음, 물기를 제거하고 말린다.

말리는 시간
해가 있을 때 그늘에서 반나절

말린 가리비

그대로 구워서 먹어도 맛있지만
솥밥이나 볶음 요리에 넣으면
깊은 맛이 우러나서 요리가 더 맛있어진다.

❋ 가리비 말리기

말리는 방법
가리비살을 두께가 반이 되도록 자르고, 가리비 무게의 1% 정도 되는 소금을 뿌린 다음, 잠시 그대로 둔다. 수분이 빠져나오면 키친타월로 닦아내고, 소쿠리에 가지런히 올려놓는다. 가리비의 표면이 마를 때까지 앞뒤로 뒤집어주면서 말린다.

말리는 시간
해가 있을 때 그늘에서 반나절

❋ 보관 요령

간장을 살짝 뿌려서 냉장고에 넣어두면 좀 더 오래 보관할 수 있다.

말린 잔멸치

깻잎, 통깨와 섞어서 고소한 주먹밥을 만들어보자.
따뜻한 밥에 뿌려 먹어도 맛있다.

잔멸치 말리기

말리는 방법
잔멸치를 가능하면 겹치지 않도록 평평하게 소쿠리에 펼쳐놓고, 수분이 완전히 말라서 바삭해질 때까지 말린다.

말리는 시간
햇빛에서 1~2시간

재료 캘린더

이 책에 나오는 채소와 과일의 제철을 보기 쉽게 표로 정리하였다.
많은 양이 유통되는 제철에 채소와 과일을 구입하면 비교적 싼 값에 구입할 수 있으므로 부담 없이 말려보자.

재료	1월	2월	3월	4월	5월	6월	7월	8월	9월	10월	11월	12월
토마토 → p.24							■	■				
가지 → p.30					■	■	■	■				
오이 → p.30					■	■	■					
브로콜리, 콜리플라워 → p.34										■	■	■
무 → p.38					봄무	봄무	고랭지 무	고랭지 무	고랭지 무	가을무	가을무	
순무 → p.38									■	■		
양파 → p.44							■	■				
대파 → p.44									■	■	■	■
감자 → p.50						■	■	■	■			
고구마 p.50								■	■	■		
우엉 → p.54	■	■	■									
연근 → p.50		■	■								■	■
당근 → p.54									■	■	■	

	1월	2월	3월	4월	5월	6월	7월	8월	9월	10월	11월	12월
배추 ➡ p.60											████	████
양배추 ➡ p.60			████	████	████	████						
표고 ➡ p.64			████	████	████					████	████	████
마늘 ➡ p.68			████	████	████							
생강 ➡ p.68								████	████	████	████	
차즈기 ➡ p.68						적소엽 ████	████					
							청소엽 ████	████	████			
사과·감 ➡ p.74										사과 ████	████	
									감 ████			
망고 ➡ p.78					████	████	████	████	████			
딸기 ➡ p.82	████	████	████	████	████							
블루베리 ➡ p.82							████	████	████			
귤 ➡ p.86										████	████	████
레몬 ➡ p.86							████	████	████			
유자 ➡ p.86											████	████

무라이 린고[村井りんご] 지음

프렌치 레스토랑과 전문학교에서 요리를 배우고, 푸드코디네이터로서 메뉴를 개발하는 등 잡지와 광고, TV 등의 현장을 넘나들면서 왕성하게 활동하고 있다. 전문 분야는 일본요리부터 서양과자까지 다양한데, 그중에서도 채소와 동양의 식재료를 조합해서 만든 웰빙메뉴와 과실주, 잼, 절임 등의 저장 식품 분야에서 특히 유명하다.
저서로『제철에 즐기는 과실주, 잼, 생과일주스』,『맛있는 절임과 집된장』등이 있고, 도쿄 후추시[東京 府中市]의 자택에서 비정기적으로 요리 교실을 열고 있다.

이지현 옮김

이화여자대학교 가정과학부 의류직물학과를 졸업한 후 교환 학생으로 일본여자대학교에서 유학.
이화여자대학교 통번역대학원 한일번역과를 졸업하고, 현재 엔터스코리아 일본어 전문번역가로 활동 중.
주요 역서로『세계의 법교육』,『인생에서 가장 소중한 것은 서점에 있다』등이 있다.

채소를 말리면 맛이 깊어진다

펴낸이	유재영
펴낸곳	그린홈
지은이	무라이 린고
옮긴이	이지현
기획	이화진
편집	박선희
디자인	임수미

1판 1쇄   2013년 8월 10일

출판등록   1987년 11월 27일 제10-149

주소   121-884 서울 마포구 토정로 53(합정동)
전화   324 - 6130, 324 - 6131
팩스   324 - 6135
E - 메일   dhsbook@hanmail.net
홈페이지   www.donghaksa.co.kr
            www.green-home.co.kr

ISBN 978-89-7190-419-0 13590

● 잘못된 책은 바꾸어 드립니다.
● 이 책의 한국어판 저작권은 보통에이전시를 통한 저작권자와의 독점 계약으로 동학사(그린홈)가 소유합니다. 신 저작권법에 의하여 한국 내에서 보호를 받는 저작물이므로 무단전재나 복제, 광전자 매체 수록 등을 금합니다
● 이 책의 내용과 사진, 그림의 저작권 문의는 동학사(그린홈)로 해주십시오.

HOSHI YASAI NO FUKAMI RECIPE ⓒ ringo murai 2010
Originally published in Japan in 2010 by NITTO SHOIN HONSHA Co., Ltd., TOKYO,
Korean translation rights arranged with NITTO SHOIN HONSHA Co., Ltd., TOKYO,
through TOHAN CORPORATION, TOKYO, and Botong Agency, SEOUL.
Korean translation rights ⓒ 2013 Donghak Publishing Co.

Green Home은 자연과 함께 하는 건강한 삶, 반려동물과의 감성 교류, 내 몸을 위한 치유 등 지친 현대인의 생활에 활력을 주고 마음을 힐링시키는 자연주의 라이프를 추구합니다.